POLITICAS DE COMUNICACION EN EL ESTADO PLURINACIONAL DE BOLIVIA

Johnny Campos Lora

POLITICAS DE COMUNICACION EN EL ESTADO PLURINACIONAL DE BOLIVIA

Centro de Estudios para la América Andina y Amazónica

CIENCIAS SOCIALES 1

Derechos de autor:
© Johnny Campos Lora
Políticas de Comunicación en el Estado Plurinacional de Bolivia

Derechos de edición:
© CEPAAA
© La Pesada ediciones
© Pasanaku editorial de La Pesada

Portada:

Director de Publicaciones del CEPAAA:
Juan H. Jáuregui

Primera edición, agosto de 2012
Depósito legal:
ISBN:

Revisión de texto:
Johnny Campos Lora

Centro de Estudios para la América Andina y Amazónica
Apartado postal M-10242 (Miraflores)
Tel/Fax (591-2) 2220216
Correo electrónico: cepaaa.historia@gmail.com
lapesadahistoria@hotmail.com
lapesadahistoria@gmail.com
Calle Francisco de Miranda 1983 (Miraflores)
La Paz, Bolivia.

CONTENIDO

INTRODUCCION

Las políticas de comunicación en un estado que se declara plurinacional deben ser sistemáticamente planificadas. Los cambios estructurales del país deben encontrar soluciones para preguntas como ¿cuál es la función de la comunicación en el desarrollo? ¿qué estrategias suponen una comunicación que tenga que ver con variables como la plurinacionalidad, las autonomías y descentralización? ¿Cuales son los alcances de la constitución política del estado plurinacional de Bolivia en materia de comunicación-información?

¡Qué temas se deben abordar y que tipo de sistema de comunicación alienta la nueva estructura del estado? Por otra parte está el campo de la regulación de los medios públicos y privados. ¿Es posible utilizarlos para el desarrollo la participación? ¿cómo se debe coordinar las competencias en términos de descentralización y autonomías'. El país ha desarrollado en parte su propia política y las estrategias de acuerdo a su marco constitucional, social, político y cultural ¿Cuáles son las leyes, decretos, normas y medidas en el campo de la comunicación e información que se despliegan de la Constitución? ¿Las medidas, responden a los pedidos de la clase mayoritaria y expresan accesibilidad, calidad, participación, transparencia? Y si las leyes y normas ya existen ¿cuales son sus implicaciones en la actividad de la comunicación, los medios y la información? ¿hasta que punto no afecta a la libre expresión? ¿Hay vocación de consulta del estado en la coparticipación para hacer las leyes y normas?

Siendo que los conflictos sociales son el talón de Aquiles de los gobiernos ¿Qué políticas, estrategias y protocolos maneja el ejecutivo para la gestión de conflictos? ¿Estamos preparados para la gestión de conflictos interétnicos? Tales son la cantidad de preguntas que nos hacemos para empezar a escudriñar el campo de la comunicación en la macro institución del Estado Boliviano.

Este pequeño trabajo tiende a una investigación empírica mas que teórica, lo que nos ha llevado a realizar un análisis de contenido de textos (en su mayoría leyes y normas), así mismo, nos hemos animado a explorar las implicaciones que tienen esas normas en una campo tan discutido como la comunicación; un campo transversal que tiene que ver con la educación, las leyes, la cultura, la administración, etc. En el proceso de la realización de este trabajo, nos fue difícil abordar todas la implicaciones de la Constitución y sus normas relacionadas con la comunicación y la información. Esta limitación no significa una selección que pudiera interpretarse como manipulación, es simplemente limitación. Quien espera una panorámica completa de la comunicación en el estado plurinacional quedará contrariado.

El Alto, marzo de 2012

CONCEPTOS RELACIONADOS CON LA INTERCULTURALIDAD

1. Conceptos relacionados con la interculturalidad

Para poder abordar el tema de la interculturalidad, debemos analizar otros conceptos relacionados: pluriculturalidad, multiculturalidad, relativismo cultural, etnocentrismo, transculturación, aculturación, etc.

Debemos advertir que varios conceptos mencionados arriba, tienen diferentes acepciones, pues éstos son el resultado del tratamiento multidisciplinario. Además está el factor ideológico que aumenta más aún la pléyade conceptual.

Antes de abordar los conceptos relacionados con la interculturalidad, echemos un vistazo a la diversidad cultural que como numerosos países, tiene Bolivia.

1.1. Bolivia y su diversidad cultural

Bolivia es un país con diversidad cultural, donde se revelan múltiples manifestaciones económicas, religiosas y políticas. La heterogeneidad sociocultural, es entonces la característica más sobresaliente de nuestra patria.

El siguiente cuadro, describe la variedad cultural del país, con variables de edad, área y sexo:

Cuadro N° 2.01.13

BOLIVIA: AUTOIDENTIFICACIÓN CON PUEBLOS ORIGINARIOS O INDÍGENAS DE LA POBLACIÓN DE 15 AÑOS O MÁS DE EDAD CENSO 2001							
ÁREA, SEXO Y GRUPO DE EDAD	**QUECHUA**	**AYMARA**	**GUARANÍ**	**CHIQUITANO**	**MOJEÑO**	**OTRO NATIVO**	**NINGUNO**
BOLIVIA	1.555.641	1.277.881	78.359	112.216	43.303	75.237	1.922.355
ÁREA							
Urbana	790.436	761.712	43.008	76.806	32.675	41.792	1.522.231
Rural	765.205	516.169	35.351	35.410	10.628	33.445	400.124
GRUPO DE EDAD							
Adolescentes (15 – 18)	195.561	155.167	9.584	16.012	5.603	10.430	317.460

Jóvenes (19 - 25)	307.293	257.029	17.033	25.603	9.399	15.791	448.690
Adultos (26 - 44)	571.685	481.447	31.278	44.268	17.478	29.394	696.778
Adultos (45 - 64)	331.351	267.274	15.352	19.629	8.234	14.459	333.606
Adultos mayores (65 o más)	149.751	116.964	5.112	6.704	2.589	5.163	125.821
HOMBRES	**749.672**	**633.757**	**40.854**	**59.218**	**23.399**	**40.712**	**929.449**
ÁREA							
Urbana	368.179	370.702	21.821	38.819	16.935	21.838	711.589
Rural	381.493	263.055	19.033	20.399	6.464	18.874	217.860
GRUPO DE EDAD							
Adolescentes (15 – 18)	97.583	78.256	4.832	8.381	3.047	5.545	160.319
Jóvenes (19 - 25)	149.297	126.195	8.752	13.370	5.023	8.349	218.743
Adultos (26 - 44)	277.744	238.322	16.513	23.555	9.479	16.053	331.857
Adultos (45 - 64)	161.089	135.573	8.409	10.572	4.525	8.096	161.839
Adultos mayores (65 o más)	63.959	55.411	2.348	3.340	1.325	2.669	56.691
MUJERES	**805969**	**644124**	**37.505**	**52.998**	**19.904**	**34.525**	**992.906**
ÁREA							
Urbana	422.257	391.010	21.187	37.987	15.740	19.954	810.642
Rural	383.712	253.114	16.318	15.011	4.164	14.571	182.264
GRUPO DE EDAD							
Adolescentes (15 – 18)	97.978	76.911	4.752	7.631	2.556	4.885	157.141
Jóvenes (19 - 25)	157.996	130.834	8.281	12.233	4.376	7.442	229.947
Adultos (26 - 44)	293.941	243.125	14.765	20.713	7.999	13.341	364.921
Adultos (45 - 64)	170.262	131.701	6.943	9.057	3.709	6.363	171.767
Adultos mayores (65 o más)	85.792	61.553	2.764	3.364	1.264	2.494	69.130

Fuente: INE 2001

Albó y Barrios (2007:43) nos describen el mapa de los pueblos indígenas de Bolivia, según el censo del 2001:

En el último censo, de 2001, se ha incorporado una pregunta directamente étnica, respondida sólo por los de 15 y más años. Dice así: "¿Se considera perteneciente a algunos de los siguientes pueblos originarios o indígenas?", seguido de la lista de los cinco pueblos más numerosos – aymara, quechua, guaraní, chiquitano, mojeño – más "otro (explicitar)" y la opción de responder "ninguno", como hizo un 38%. Se evitó utilizar la categoría genérica "indígena" y tampoco se consideró la posibilidad de responder con otras categorías igualmente genéricas (como "mestizo", "cholo", etc.) que se usaron por última vez en el Censo 1950. Algunos se han quejado de esta omisión pero, por su falta de especificidad, éstas son categorías analíticamente poco útiles que, por esa misma razón, se mantienen ahora en muy pocos censos latinoamericanos.

Realcemos que el 62% que en total se autoidentificó como miembro de algún pueblo indígena u originario en realidad lo hizo señalando su pertenencia a alguno de los siguientes pueblos concretos:

30,7% quechuas
25,2% aymaras

6,1% alguno de los otros 31 grupos étnicos registrados por este censo, todos en las tierras bajas orientales, salvo el uru. Los más numerosos son: chiquitanos (2,2%), guaranís (1,6%) y mojeños (0,9%).

Los quechuas y aymaras son la inmensa mayoría rural andina (sobre el 90%), pero en el Oriente y el Chaco los diversos grupos indígenas viven mucho más entreverados con otros campesinos que no lo son o son inmigrantes andinos, conocidos también como collas.

Por otra parte, la constitución política del estado plurinacional de Bolivia (art. 5 de la CPE, 2008), reconoce a 36 pueblos indígenas con sus respectivas lenguas:

Son idiomas oficiales del Estado el castellano y todos los idiomas de las naciones y pueblos indígena originario campesinos, que son el aymara, araona, baure, bésiro, canichana, cavineño, cayubaba, chácobo, chimán, ese ejja, guaraní, guarasu'we, guarayu, itonama, leco, machajuyai-kallawaya, machineri, maropa, mojeñotrinitario, mojeño-ignaciano, moré, mosetén, movima, pacawara, puquina, quechua, sirionó, tacana, tapiete, toromona, uru-chipaya, weenhayek, yaminawa, yuki, yuracaré y zamuco.

1.2. Pluriculturalidad, Multiculturalidad e interculturalidad.

Estos tres términos están relacionados al significado de afirmación de la diversidad cultural en la mayoría de las sociedades contemporáneas. Sin embargo cada concepto trae consigo diferencias que marcan actitudes políticas respecto a la diversidad de culturas coexistentes en un mismo territorio.

1.2.1. Multiculturalidad

Indica convivencia de culturas distintas en el mismo espacio territorial, aunque sin una profunda relación equitativa.

Hay sociedades y también grandes urbes que alojan a distintas culturas sin que éstas estén relacionadas

1.2.2. Pluriculturalidad.

Es un concepto que parte del reconociendo del derecho a ser diferente y del respeto entre diversos colectivos culturales. El respeto apunta a la igualdad de las oportunidades sociales, más no necesariamente favorece de modo explicito a la interrelación entre los colectivos interculturales.

1.2.3. Diferencia entre multi e interculturalidad

Atendiendo a la etimología de ambas palabras y centrándonos en sus respectivos prefijos, podemos hacer una primera distinción. De este modo, el término "multicultural" tal y como indica su prefijo "multi" hace referencia a la existencia de varias culturas diferentes, pero no ahonda más allá, con lo que nos da a entender que no existe relación entre las distintas culturas. Sin embargo, el prefijo "inter" va más allá, haciendo referencia a la relación e intercambio y, por tanto, al enriquecimiento recíproco entre las distintas culturas.

Para poder entender mejor la diferencia entre multiculturalidad e interculturalidad, tenemos que comprender dos conceptos relacionados: etnocentrismo y relativismo cultural.

14

1.3. Etnocentrismo

El etnocentrismo es "poner al centro la propia cultura", es creer que nuestra cultura es la apropiada y la correcta. Hasta cierto punto, el sentimiento etnocéntrico es natural, pues colinda con el sentimiento del orgullo que tenemos de nuestra cultura, además de nuestra visión del mundo condicionada por una *inculturación* desarrollada a través de los años. Pero un etnocentrismo exacerbado puede provocar desde discriminación, racismo e incluso etnocidio o genocidio, la historia registra muchas guerras y matanzas por la supuesta supremacía cultural de un pueblo sobre otros.

1.4. Relativismo cultural

En cambio, el relativismo cultural tiene como base "el respeto a las otras culturas", es una conducta *"decente"*, que no cuestiona las costumbres o las formas de vivir de otros pueblos. Sin embargo Kottak (2002:52) advierte que el relativismo extremo puede admitir por ejemplo las acciones y pensamiento nazi que provocó el holocausto judío o las matanzas por diferencias religiosas en la India. Metafóricamente se expresa como aquel individuo que vive en una calle y que saluda cortésmente a los vecinos, pero que no va más allá de ese saludo protocolar; el individuo se dice a sí mismo: *yo desde aquí en mi casa y ustedes en la suya, respeto lo que son (o lo que hacen, eso es incidental), pero no quiero ninguna relación interpersonal con ustedes, no quiero que me fastidien*[1].

---

1 La idea de los derechos humanos desafía al relativismo cultural, al invocar un ámbito de justicia y de moralidad que va más allá y está por encima de países, culturas, y religiones particulares. Los derechos humanos, que se suelen ver otorgados a los individuos, incluyen el derecho a hablar libremente, a tener cualquier creencia religiosa y no ser perseguido por ello, y a no ser asesinado, ni herido, ni esclavizado, ni a ser encarcelado sin cargos. No se trata de leyes ordinarias hechas e impuestas por gobiernos particulares. Los derechos humanos se consideran inalienables (los países no pueden limitarlos ni acabar con ellos) e internacionales (de ámbito más amplio y superior que los países y culturas individuales); (Kottak: 2002:52)

1.5. La interculturalidad como superación del pensamiento etnocéntrico y relativista cultural.

La interculturalidad no solamente es el respeto que se tiene a las manifestaciones de otras culturas, sino la comprensión y el deseo de interrelación con el "otro", al respecto acudimos al concepto del observador de segunda generación que recurre Martha Aguilar Trejo (2008:58-59), concepto que es parte de la teoría de sistemas que Luhmann aplica al análisis de sociedades complejas:

> Niklas Luhmann, sociólogo alemán, dentro de su teoría de sistemas, aborda el análisis de dos tipos de identidades (sistemas): una de primer orden y una de segundo orden; esta concepción puede ser transpolada al terreno de la comunicación interpersonal.
>
> Un observador (identidad) de primer orden, según Luhmann, es aquel "que puede reconocer en primera instancia, a la observación de las relaciones y las cosas tal cual se perciben, sin considerar que tengan proyecciones (dimensiones) indirectas u ocultas, sin indagar su latencia, sin considerar en su proceso y, por lo tanto, sin reconocer su dimensión cambiante. El observador de primer orden percibe al mundo desde su propio nicho y, por lo tanto, para él el mundo se da de manera óntica.
>
> La intolerancia tal como se manifiesta al nivel del primer orden, es el rechazo más o menos abierto y activo al otro, es decir, a lo que no corresponde a la identidad, su forma de ver el mundo y el papel que les atribuye a los sistemas en su entorno. La identidad de primer orden es intolerante por excelencia, no concibe que haya alguien diferente a él y que pueda sufrir alteraciones.
>
> Por el contario, un observador (identidad) de segundo orden se caracteriza – según Luhmann- "por reconocer la relación sistema-entorno en una dimensión donde las contingencias son normales". Para el observador de segundo orden, el mundo aparece como una construcción que se sostiene bajo distinciones de vez en cuando diferentes. En el segundo orden la identidad primaria se trasciende, porque la persona o el grupo entendidos como sistema, se dan cuenta de que su identidad no es simple sino que se implica en redes de identidad y que existe una aún mucho mayor complejidad en el entorno, dentro del cual se encuentran otros sistemas y múltiples redes de identidad, ajenas y en cierta medida similares a las de la persona o grupo…

16

La comprensión (observación de segundo orden) del entorno (sociedad pluricultural) que tienen las identidades (personas de diferente cultura), dependerá no sólo de la voluntad e iniciativa de éstas sino de la formación, educación y políticas que el macro sistema (estado boliviano) pueda ofrecer.

Las distintas maneras de ver al otro, se pueden describir en el siguiente bosquejo:

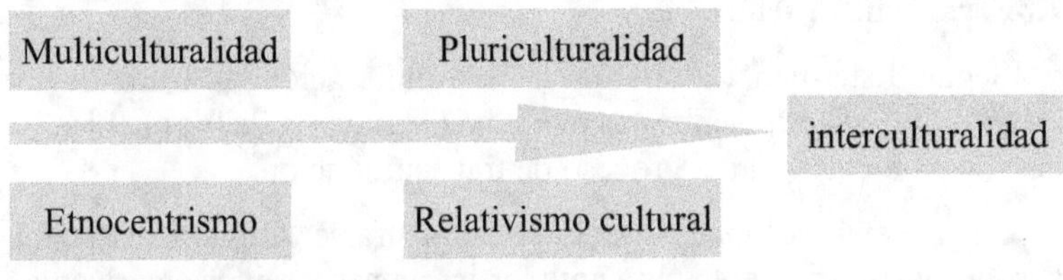

Fuente: elaboración propia.

1.6. La interculturalidad como existencia ideal de los estados modernos

Muchos teóricos, asumen que aún no existen sociedades que sostengan una plena interculturalidad, en el sentido político, jurídico y económico.

Las posibilidades de una sociedad intercultural están en descripciones teóricas aún no confrontadas con la realidad. Sin embargo es un desafío ineludible que los estados deben afrontar. En este sentido, nuestro país está en un proceso histórico aún más importante que la conquista de la independencia de España. Sin embargo los desafíos de la interculturalidad van más allá de configurar una sociedad más igualitaria y justa, la interculturalidad debe confrontar también a la transculturación y a la aculturación factores externos que van erosionando las culturas locales.

1.7. El mito del estado monocultural

El polo opuesto de la interculturalidad es un estado o sociedad monocultural. La definición que connota el prefijo griego mono es una, en este caso una sola cultura. Los estados actuales no pueden aspirar a ser monoculturales aun cuando lo deseen, la realidad nos muestra que la mayoría de las sociedades con pretensión "de ser una sola nación" solo obviaron, ignoraron e invisibilizaron a los pueblos que conformaban esas sociedades. Si bien es deseable la unidad de un estado, esa unidad debe estar basada en la política de reconocimiento de otros pueblos que lo componen.

1.8. Transculturación

Según Esterman (2010:30), la transculturación es fruto de un intercambio histórico entre los pueblos. La mayoría de los pueblos ha pasado y aún están en el proceso de transculturación.

La España colonial que quería mostrarse altiva, castellana, europea y culturalmente pura ante los indígenas y reinos americanos, no podría ignorar que fue producto histórico de una mezcla de cartagineses, celtas, íberos, judíos, romanos, árabes y godos. Por otra parte España tiene las naciones al interior de su territorio naciones como los catalanes, vascos, gallegos, etc. La política "unitaria" de Franco no pudo evitar que después de su muerte los catalanes por ejemplo reivindicaran su idioma en toda la ubicuidad social de su existencia.

La transculturación es también fruto de la acción cambiante de las culturas en el tiempo y espacio. Las culturas adoptan, aceptan, acomodan y reforman elementos culturales ajenos que les llega a través de diversos agentes: viajeros, turistas, comerciantes, medios de comunicación, etc.; por ejemplo, en algunas fiestas institucionales de La Paz y El Alto, es posible ver -y participar de la misma- una mesa dispuesta a la manera de *buffet* pero con elementos del *aphtapi* andino (donde en vez de comida *gourmet*, se sirve chuños, papas y *charque*).

1.9. Aculturación

Es el proceso de transmisión de elementos culturales de una sociedad a otra, de una cultura a otra. La aculturación en ese sentido puede parecer beneficiosa si es que se da de manera equilibrada. Por lo general en el caso de los pueblos indígenas de América Latina, la aculturación ha tenido características violentas e impositivas, ya que entre cultura europea y culturas indígenas no hubo una relación de igualdad y contacto pacífico, sino que una trató de dominar a las otras.

El término de aculturación se refiere más a la imposición -más que transmisión- de elementos culturales de una cultura dominante a una cultura dominada.

1.10. El eurocentrismo como aculturación contemporánea

El eurocentrismo u occidentocentrismo como lo califica Esterman (2010:30) es la versión europea y norteamericana del etnocentrismo. Comenzó en la etapa del colonialismo y en la actualidad aún persiste a través de complejos mecanismos tecnológicos. El eurocentrismo es el más extenso e influyente de los etnocentrismos en el planeta. La influencia europea y estadounidense va mas allá de la publicidad y la propaganda mediática; es la historia universal interpretada desde occidente con sus respectivos héroes, desde Alejandro Magno (heleno europeo) como el *bueno* y Darío como el *villano* (persa no occidental); es la cultura que se considera válida y correcta, es la que concluye que el verdadero arte es el occidental, el arte de otros pueblos llega sólo a artesanía, la vestimenta occidental es la vestimenta oficial, la vestimenta de otros pueblos son considerados trajes típicos, la música de otros pueblos es considerada por los occidentales como folclore y la comida no occidental es etiquetada como comida étnica o plato típico. Es un universo creado y reforzado por los medios masivos de comunicación para concluir que la manera correcta e indicada de vivir y de pensar es el estilo occidental.

1.11. El modelo de la interculturalidad desde un enfoque descolonizador.

La interculturalidad es vista desde diferentes enfoques (Esterman, 2010:51): como sinónimo de multiculturalismo, desde lo estético y desde un enfoque descolonizador.

Para efectos del estudio que emprendemos trataremos el modelo del enfoque descolonizador.

Esterman señala que este modelo surge desde los países del sur, es decir desde los que fueron colonia y que ahora tienen el peso del neocolonialismo y son (desde la visión *cepalina)*[2] países de la periferia, es decir, *el patio trasero del mundo.*

Los movimientos que sostienen este modelo son: los indigenistas, indianistas, movimientos críticos emancipadores, agrupaciones medioambientalistas que critica la naturaleza depredadora del capitalismo salvaje e inhumano, etc.

Este enfoque descolonizador plantea la erradicación de los principales rasgos culturales ajenos (filosofía, religión, economía, política, etc.). Dado el caso, la misma sociedad dejaría de existir y se configuraría en una colectividad amorfa y desorganizada. Por lo tanto la descolonización es un proceso inteligente y de toma de conciencia. Es primero impulsar a la reflexión sobre la sociedad que se encuentra en una situación asimétrica, donde existe aún una relación asimétrica de grupos de personas dominantes y otros sojuzgados. De la toma de conciencia de la colonialidad o neocolonialidad de estructuras, relaciones de poder, valores, esquemas mentales y el régimen jurídico. Debemos concluir por lo tanto que la descolonización debe empezar por la conciencia:

> La descolonización es, en sentido estricto, el proceso mediante el cual los pueblos que fueron despojados del autogobierno mediante la invasión extranjera, recuperan su autodeterminación. La descolonización es un proceso básico de liberación y de autonomía. La descolonización tiene como consecuencia ineluctable la independencia (Chávez, 2010:19).

---

2 Comisión Económica para América Latina y el Caribe (CEPAL), una de las cinco comisiones regionales de la Organización de las Naciones Unidas (ONU), establecida el 25 de febrero de 1948 por resolución de su Consejo Económico y Social (ECOSOC) como Comisión Económica para América Latina. Su actual denominación data de 1985, y hoy está integrada por 41 países miembros y 7 asociados. *Microsoft ® Encarta ® 2009. © 1993-2008 Microsoft Corporation. Reservados todos los derechos.*

Bien, estos son deseos para un estado ideal. Veamos cuál es la base teórica o del modelo de interculturalidad en el estado Boliviano.

Según el politólogo Luis Tapia (2010:156) el modelo de estado intercultural que Bolivia asumió en la declaración de su carta magna es el modelo propuesto por Will Kimlicka.

Aquí cabe hacer un apunte crítico, que nos lleva a la consideración del punto central en torno a esta problemática. La noción de usos y costumbres, si bien es usada para establecer una apertura a la diversidad cultural, sigue manteniendo una especie de juicio o prejuicio sobre la superioridad de un tipo de cultura jurídica e institucional sobre otras, es decir, va acompañada de la idea de que el derecho positivo moderno, pensado como abstracto y universal, es superior a los otros conjuntos o tipos de normas y de instituciones políticas de los pueblos que han sido subalternos desde tiempos coloniales. Eso nos lleva a uno de los principales principios organizadores del modo liberal de reconocimiento multicultural, que también está organizando la nueva Constitución Política boliviana: la noción de jerarquía constitucional.

Hay un nivel, el central, el macro o general que está pensado y diseñado con base en los criterios organizadores del Estado moderno, que implica una formulación jurídica en términos de derecho positivo, es decir, con pretensiones de universalidad, abstracción y validez general, como también una pretensión de sistematicidad o de lógica en que las normas más específicas devienen de los principios más generales. En un segundo nivel, se reconoce un conjunto de diferentes sistemas normativos, sobre todo de formas de administración de la justicia en territorios acotados donde habitan de manera predominante otros pueblos con otra cultura. Este es el principio de la jerarquía constitucional, es decir, hay reconocimiento multicultural que implica una forma de pluralismo jurídico, pero se trata de una forma de pluralismo jurídico jerárquico.

La actual constitución política boliviana está organizada con base en este principio de jerarquía constitucional, que implica reconocer e instituir la superioridad del sistema jurídico y de instituciones políticas de origen moderno por sobre el conjunto de las otras instituciones políticas, formas de organizar la vida política y de administrar la justicia. En este sentido, la nueva Constitución boliviana básicamente sigue las pautas desarrolladas por la forma de reconocimiento político multicultural, que en el plano teórico fueron sistematizadas por Will Kimlicka.

1.12. La persistencia de la primacía doctrinaria eurocéntrica en la nueva constitución política del estado plurinacional de Bolivia.

Es muy difícil conformar un nuevo estado bajo premisas occidentales que están incluso en la terminología y los conceptos que usamos. A decir de Luhmann, esto es una paradoja: al tratar de analizar una sociedad compleja, lo que hacemos es sistematizarla, es decir la disgregamos en sistemas y subsistemas, haciendo el análisis más complejo. Al tratar de conformar un estado plurinacional con objetivos interculturales, lo complejizamos más, pues en esta labor utilizamos herramientas conceptuales elaboradas por sociedades conservadoras que ignoraron o se opusieron a la validez de otras culturas. Asimismo Tapia (2010:156-157), ubica a la NCPE, que como núcleo se construye sobre la base doctrinaria del derecho positivo:

> Ya vimos que esta primacía constitucional consiste en organizar el núcleo del gobierno central según los criterios de diseño y construcción de instituciones propias del Estado moderno y con base en la doctrina jurídica del derecho positivo, que tienen las pretensiones de universalidad y validez general para todos los territorios del país, a pesar de que durante las últimas décadas se ha criticado más o menos extensamente su origen eurocéntrico y, cada vez más, también anglosajón. En este sentido, la primacía constitucional implica una reorganización del Estado en torno al núcleo neocolonial, es decir, en torno a instituciones eurocéntricas.

Desde la consideración y análisis que hace Tapia, la Nueva Constitución sujeta principios e iniciativas comunitarias que lograrían la construcción intercultural de un Estado Plurinacional; pero hay varios otros, preponderantes, que restauran el Estado moderno sobre la base de instituciones liberales. Sobre todo el de la supremacía constitucional de los derechos e instituciones aparentemente universales. En este sentido, la Constitución es ya un objeto de polémica en torno a cuál de las líneas desarrollar. De hecho, eso ya lo estamos viendo en los conflictos que empezaron a desplegarse entre el gobierno y las asambleas de pueblos indígenas de las tierras bajas.

22

LA COMUNICACION INTERCULTURAL

2. La comunicación intercultural

2.1. Orígenes de la comunicación intercultural

2.1.1. La lengua al servicio de la evangelización en la Época colonial

Durante la época colonial, la idea propugnada era de asimilación de los indígenas a la potencia colonizadora y según Fernández y Galguerra (2008:172) en América latina esto se convirtió en una actitud evangelizadora. El pretexto para la explotación de materias primas e indígenas era la religión: el Papa daba su aprobación de la colonización de América a los españoles para *"encomendarles"* la evangelización de los indios que no sabían de la existencia del dios cristiano. La evangelización acudió a varias estrategias para adoctrinar a los indios la fe cristiana: el aprendizaje de los idiomas originarios de parte de los curas y encomenderos, la traducción de la biblia a los idiomas indígenas, la extirpación de deidades nativas, la imposición de nombres (según fecha del santoral) cristianos a los indígenas conversos, entre otros.

2.1.2. La publicidad necesita conocer otras culturas para traducir consumo

Después de la segunda guerra mundial y el reordenamiento geopolítico del mundo con la consiguiente pérdida de territorios y colonias de algunas potencias extranjeras, surgió la necesidad de conocer y comunicarse con las distintas culturas básicamente para fines comerciales.

Fernández y Galguerra (2008:173) explican también que influyó definitivamente la creación de las naciones unidas ONU, UNESCO, Banco Mundial y demás instituciones internacionales, las cuales exigieron y determinaron la necesidad de crear mecanismos de comunicación con los distintos pueblos y culturas.

Además, dada la expansión de la industria y la producción en masa, se necesitaba de un mercado de consumo mucho más grande y diversificado. La publicidad y la propaganda, como auxiliares de la sociedad de consumo, debían conocer las características culturales específicas de los pueblos a quienes debían convencer, persuadir, catequizar o adoctrinar para que consuman productos, utilicen servicios y acepten ideologías.

En Bolivia, la estructura curricular de la época impuso la enseñanza del idioma inglés y el francés, con el fin de afianzar más las relaciones con los países anglófonos y francófonos (es decir con los aliados vencedores de la segunda guerra mundial). En la década de los 60, las relaciones con los Estados Unidos se intensificaron más aún debido al programa de desarrollo (léase desarrollismo) "Alianza para el Progreso" que impulsó el presidente Kennedy.[3]

2.1.3. Edward T. Hall pionero en la investigación de la comunicación intercultural

Muchos teóricos de la comunicación interpersonal, coinciden que el pionero del estudio sistemático de la comunicación intercultural es el antropólogo norteamericano Edward T. Hall. Su clásica obra *The silent language* (*El lenguaje silencioso*) publicado en 1958, marca el término "comunicación intercultural". Para Fernández y Galguerra (2008:174) el resultado de las investigaciones de Hall consolidó el estudio de la comunicación intercultural y su importancia con las siguientes características: *es aplicada, tiene alcance internacional, la comunicación no verbal es un componente importante, su enseñanza está basada en el aprendizaje experiencial y participativo.*

---

3 En el discurso sobre la alianza para el progreso, pronunciado en la Casa Blanca, en la recepción ofrecida en honor del cuerpo diplomático latinoamericano, altos funcionarios del gobierno y miembros del congreso de los Estados, 13 de marzo de 1961, el presidente Kennedy aclaró que su plan no era sólo de ayuda económica sino también de acceso a la cultura: *(...) propongo que las repúblicas americanas inicien un vasto nuevo plan de diez años para las Américas, un plan destinado a transformar la década del 60 en una década de progreso democrático (...) invitamos a nuestros amigos de América Latina a que contribuyan a enriquecer la vida y la cultura de los Estados Unidos. Necesitamos oportunidades de que nuestra juventud vaya a estudiar a universidades latinoamericanas; necesitamos acceso a la música, al arte y ale pensamiento de los grandes filósofos de América Latina, Porque sabemos que tenemos mucho que aprender. Documentos fundamentales de la historia de los Estados Unidos de América.* Grafica horizontes: Mexico D.F. 1962. P. 309.

2.2. Definición de la comunicación intercultural.

Las definiciones, están condicionadas a las disciplinas académicas que las producen. El campo de la comunicación intercultural es multidisciplinario, las contribuciones de la lingüística, antropología, comunicación, psicología y la sociología son significativas, dejando un saldo positivo para la construcción de su corpus teórico. Sin embargo, para Fernández y Galguerra (esta multidisciplinariedad debilita su potencial debido a la dispersión).

Zierer (2004:18) define la de comunicación intercultural desde el campo comunicacional:

> "Comunicación intercultural, se refiere a los procesos comunicativos entre personas de culturas diferentes".

La escueta definición de Zierer, sin embargo, encierra complejas implicaciones de esos procesos comunicativos. La comunicación intercultural tiene muchas variables: la lengua, las actitudes, el tiempo, el género, los gestos, posturas, vestuario, espacios y distancias, entre otros.

2.3. Implicaciones de la comunicación intercultural

La comunicación intercultural es un *universo,* porque en ella intervienen todo tipo de variables que complejizan más aún su estudio, su tratamiento y sus aplicaciones. Los componentes de la comunicación intercultural corresponden a elementos de una cultura y como tal varían de acuerdo al *perfil* que tengan.

Los rasgos distintivos de la cultura van desde la percepción de los colores, olores, formas, tiempo, espacio, modos de pensar, gestos, ademanes, distancias, costumbres, normas, formas de agruparse, hasta los discutidos prejuicios. La Investigación sobre comunicación intercultural que hizo Ava Nieves Silva Rivera,[4] nos detalla las variables culturales más frecuentes que tienen que ver con la comunicación intercultural:

---

4 Disponible en: *www.monografias.com*

Para fines comparativos, es conveniente establecer el **perfil de una cultura**, entendido este como la *integración funcional de una serie de rasgos distintivos, concebidos como variables*. El perfil cultural, según Meletzke, comenta Zierer, se entiende como la integración funcional de una serie de rasgos distintivos, concebidos como variables concebidos particularmente:

a. Percepción: En cada cultura, prevalece una manera específica de percibir la realidad, asignando a sus elementos (formas, colores, fragancias, etc.) ciertos valores simbólicos. (Ángulos en la cultura occidental, curvas en la cultura oriental).

b. Concepción (experimentación) del tiempo: Zierer menciona que según Eilers y Wersig, las culturas varían según cómo sus miembros experimenten el tiempo:

- lineal / cíclico (c. asiática),
- monótono /rítmico (c.as.),
- continuo / discontinuo,
- irreversible / recuperable,
- orientado / libre,
- cumulativo compensatorio,
- sincrónico / asincrónico,
- subordinado / dominante,

c. Las culturas varían según la manera de cómo usan el tiempo:

- orientación hacia: el futuro (calvinístico) / pasado (chino) / presente (latino)
- mayor / menor economía y racionalización del tiempo
- mayor / menor precisión
- mayor / menor respeto al "tiempo propio",

d. Según su experimentación (concepción) del *espacio:*

- concreto / abstracto
- estático / dinámico
- diferenciado / difuso
- abierto / cerrado
- aislado / integrado con otras categoría ("ecologizado")
- natural / artificial

e. Uso del espacio: configuración del espacio:

- orientación con respecto al ambiente externo
- diseño (normalizado): mayor / menor privacidad
- mayor / menor decoración
- tipo de decoración

f. Modos de pensar:

- lógico (occidente) / intuitivo (oriente.)
- "aristot."(occidente.) / "fuzzy" (oriente.)
- analítico (francés) / integrativo (alemán)
- cognoscitivo (anglosajón) /afectivo (latino)
- inductivo / deductivo
- abstracto / concreto
- detallista / globalista
- directo / distanciado
- egocentrista / "colectivo-centrista"

g. Marcos de referencia: rígidos / flexibles de mayor / menor influencia.

Interacción comunicativa no verbal: se concreta en:

a. Lenguaje del cuerpo (gestos, ademanes, mímica, movimientos de la cabeza, etc.).
b. Distancias entre los interlocutores; contacto interpersonal: (sí / no)
c. Dirección de la mirada (contacto visual: si/no).

Patrones de conducta: costumbres, normas, tabúes, roles:

Establecen cómo los miembros de una cultura deben conducirse en situaciones concretas de la vida cotidiana: nacimiento, matrimonio, muerte, educación, juegos, comportamiento sexual, actividades de compra y venta, modales al consumir alimentos, paseos, comportamiento frente a niños, ritos religiosos, respeto de tabúes sociales, cumplimiento de roles sociales y expectativas de roles, etc. Los patrones de conducta varían de una cultura a otra, según el perfil basado en valores de la respectiva cultura.

Agrupaciones sociales: Varían de una cultura a otra en cuanto a su estructura y dinámica:

a. la familia: magnitud;   roles, derechos, obligaciones, relaciones internas y externas, comportamiento, etc. de sus miembros;

b. estratos sociales: clases sociales, castas, élites; minorías étnicas, minorías lingüísticas, minorías extranjeras;

c. organizaciones laborales y civiles: empresas, sindicatos, clubes, asociaciones gremiales, etc.

d. agrupación por afinidad generacional.

Concepción (imagen) de la *otra* cultura:

A través de la socialización y múltiples experiencias propias, el hombre se va formando una idea o imagen valorativa de otros pueblos, grupos, culturas, etnias, particularmente con énfasis en aquellos rasgos por los cuales la otra cultura se diferencia de la propia. Cultivar una buena imagen del propio país, de la propia cultura o de la propia institución en otras culturas o contextos, suele ser una política que persiguen los Gobiernos y otras instituciones.

Frecuentemente, la formación de una idea sobre otros pueblos, países, grupos, minorías, etnias, culturas, incluso dentro del propio país, conduce a actitudes basadas en prejuicios, "adquiridos", generalmente de "segunda mano", en el transcurso del proceso de socialización. Los prejuicios representan juicios de valor que varían poco. Los medios de comunicación masiva influyen en la formación de actitudes y juicios con prejuicios, según lo que seleccionen de la realidad en la otra cultura, y según cómo presentan lo seleccionado (falta de objetividad, parcialización, manipulación, imperialismo cultural).

Problemas en la comunicación intercultural:

a. Se producen debido a las diferencias entre ambas culturas en cuanto a:

- Verbalización: Grado de dominio del otro idioma (léxico, pronunciación, idiomática, etc.);
- economía verbal: afabilidad / parquedad; estilo directo / indirecto;
- contacto visual y corporal; ademanes, mímica y distancia;
- formalidades (modales, saludos, etc.) en contextos sociales, determinadas por: status social, profesión, nivel instruccional, género, edad, parentesco, rol social, creencia religiosa, etc.;

b. Se producen también debido a las diferencias entre ambas culturas en cuanto a:

- creación de relaciones sociales: rápida / lenta; directa / indirecta; de mayor/menor profundidad; mayor/menor afinidad ocupacional; intrageneracional / intergeneracional; intragénero / intergénero, etc.

30

- tabúes, determinados por creencias religiosas, costumbres, naturaleza, etc.
- conceptos de orden, ley, derechos y obligaciones, trabajo, relaciones maritales, educación, etc.;
- concepto y defensa de la identidad cultural: claro / vago, con mayor / menor tolerancia;
- estilo de vida ("proyecto" de vida);
- objetivos del encuentro (estudios, trabajo, turismo, etc.);
- circunstancias del encuentro (lugar, tiempo, clima, incidente, etc.);
- ideología política;
- cualidades personales (mente abierta, optimismo, tolerancia, modestia y sencillez, agudeza mental, don de observación, etc.).
- país de procedencia o de arribo: industrializado o no; no industrializado/ industrializado; industrializado/industrializado; no industrializado/no industrializado.

Adaptación a la otra cultura:

a. Integración a las condiciones culturales del otro país;

b. identificación con la otra cultura, desarrollando un sentir de ya no encontrarse frente a ella como extraño, sino más bien como ligado a ella;

c. adquisición de una *"competencia cultural"*: Zeirer está de acuerdo con Brislin en que esto se obtiene a través del dominio del otro idioma, y de patrones de conducta adecuados dentro de la otra cultura;

d. convergencia de los valores y actitudes de ambas culturas, según Brislin, afirma Zierer.

Se distinguen **cuatro fases en la adaptación a la otra cultura**:

a. La otra cultura se experimenta como algo novedoso.

b. Distanciamiento de la otra cultura.

c. Mejoramiento de la relación con la otra cultura.

d. Superación de todas las reservas frente a la otra cultura y sus miembros; el contacto con ella se considera un enriquecimiento de la cultura propia.

Shock_cultural:

Al respecto, Zierer menciona lo que afirma Oberberg: el *shock* cultural se manifiesta en múltiples formas:

> a. condiciones de higiene exageradas;
> b. hipersensibilidad en al caso de enfermedades y dolores insignificantes;
> c. prejuicio de sentirse siempre engañado;
> d. desesperación;
> e. aversión al estudio del otro idioma;
> f. repliegue hacia la cultura propia;
> g. fuerte deseo de retornar al país de la cultura propia; etc.

2.4. Niveles de interculturalidad

Desde el planteamiento de Esterman (2010:54), existen tres niveles de interculturalidad: nivel personal, nivel de grupos culturales y/o étnicos y Nivel de culturas y civilizaciones.

Dado el tema del presente trabajo obviaremos el primer nivel y nos detendremos a analizar el nivel de grupos culturales.

2.5. Nivel de grupos culturales

En este nivel se plantea el encuentro de dos o más culturas. Las culturas pueden tener una distancia de diferenciación mínima (como quechuas y aymaras) o máximas (como chinos y sirionós).

2.6. Los estereotipos de grupo como obstaculizadores de la interculturalidad

Los estereotipos son acuñaciones genéricas preconcebidas generalmente negativas que rayan en la discriminación.

2.7. Definición de estereotipo

Estereotipo, es un término muy empleado en las ciencias sociales, para definir términos apriorísticos y genéricos de grupos poblacionales:

Estereotipo, en sociología, la perpetuación de una imagen simplista de la categoría de una persona, una institución o una cultura. La palabra estereotipo procede de las palabras griegas *stereos* ('sólido') y *typos* ('marca').

En el siglo XVIII este término se aplicó a la impresión de copias de papel maché a partir de un bloque sólido, en el que ya estaba implícita la idea de un origen rígido para reproducir indefinidamente materiales. Walter Lippman en su libro *Opinión política* (1922), se basó en este concepto para referirse a las "imágenes en nuestra cabeza" que se resisten al cambio.

El concepto de estereotipo suele ser negativo. Degrada el pensamiento individual hacia una esclavitud o casi esclavitud de formulaciones predefinidas (el bloque de impresión original) que se opone a un razonamiento crítico por nuestra parte o por parte de otros a la luz de experiencias nuevas o diferentes. Aparece anclado en prejuicios, es esencialmente irracional, a menos que pueda demostrarse que la idea original era un resumen exacto y sabio de experiencias anteriores.

En algunas sociedades, los judíos, las mujeres, los negros, los homosexuales o los extranjeros están marcados por un estereotipo negativo y, por consiguiente, sujetos a castigos que llegan hasta el asesinato o el genocidio. La formación social de estereotipos está muy arraigada en la mente humana y, casi con seguridad, tuvo un valor selectivo para la supervivencia en las primeras etapas evolutivas de las sociedades primitivas, en su lucha por el control del territorio y por la cohesión del grupo. Pero en el mundo moderno es una amenaza para el bienestar humano. El principal objetivo político y social de la humanidad sigue siendo la lucha por una sociedad libre, democrática, justa y racional que defienda la igualdad de la mujer y de las minorías étnicas, la liberación de los disidentes políticos y la emancipación de los oprimidos.

Ejemplos nefastos de aplicación de estereotipos y de racismo pueden ser los movimientos fascistas europeos surgidos entre las dos guerras mundiales y el conflicto del *apartheid* en Sudáfrica.

Microsoft ® Encarta ® 2009. © 1993--2008 Microsoft Corporation. Reservados todos los derechos.

2.8. El estereotipo en Bolivia

La sociedad boliviana no está exenta de estereotipos de todo tipo: raciales, sociales, regionalistas, etc. Los estereotipos regionalistas del país, se circunscriben a la condición geográfica de los habitantes: andes, valles, tierras bajas.

Regionalistas: "*colla*[5] pico verde", "*chapaco* lento", "*camba* bruto", etc.

Pero, como siempre, los adjetivos, denominaciones, generalizaciones; deben entenderse en tiempo y lugar (contexto), así lo explica Albó (2005)

Cada nombre tiene sus propias connotaciones y resonancias, según el tiempo y el lugar, las cuales deben ser reconocidas y tenidas en cuenta para evitar susceptibilidades. En ciertos lugares y contextos, términos como *indio, indígena, aborigen* o *negro* pueden ser incluso los preferidos para grandes movilizaciones reivindicativas, mientras que en otros son evitados por sus cargas emotivas de desprecio y discriminación. Ello ocurre incluso con el nombre de muchos pueblos originarios. Los *guaraní* y los *weenhayek*, por ejemplo, ahora por fin han logrado que se les llame públicamente con esos nombres que ellos se dan a sí mismos y ya no "chiriguanos" o "matacos" como los otros les llamaban. Dentro de estas tendencias, conviene subrayar la prioridad que tienen los patronímicos propios por encima de las generalizaciones. Por lo general todos prefieren identificarse y ser identificados por el nombre propio de su pueblo (*aymara, guaraní, mojeño,* etc.) más que por denominaciones genéricas como *indígena*. Y, en esas últimas, pueden tener

También sus propias preferencias. Por ejemplo, a raíz de tantos siglos de discriminación, este último nombre ha sido con frecuencia rechazado sobre todo en los pueblos andinos

Por otra parte, según Estermann, el diálogo entre grupos *colla* (del mundo aymara-quechua) y "camba" (del mundo oriental de

---

5 Colla. Según los orientales somos todos los que no vivimos en Santa Cruz, Beni o Pando. Según los occidentales, collas somos todos los habitantes del Kollasuyo. Es muy común en Santa Cruz la frase "elay el colla opa" y que se refiere precisamente a los collas menos opas, que son los que se van a vivir a Santa Cruz (Paulovich, 1978:32).

34

tierras bajas) se ha vuelto muy espinoso, porque no es una cuestión de diferencias culturales, sino muchos prejuicios, una historia manipulada, una identidad bastante artificial (lo *"colla"* y lo *"camba"* son construcciones recientes) y sobre todo intereses económicos y políticos.[6]

2.9. Elementos para mejorar la habilidad de la comunicación intercultural

El mejoramiento de la comunicación intercultural, depende no sólo de la voluntad de las personas, grupos o sociedades; dependerá también de la formación o preparación en torno a lo que Fernández y Galguerra (2008:184-185) llaman *habilidades*. Para estos autores las habilidades son las siguientes:

2.10. Conocimiento de la propia cultura: es un primer requisito; el conociendo de la sus propias bases culturales, en el campo antropológico el individuo debe saber qué elementos culturales tiene el individuo o el grupo para determinar los ajenos. Sin embargo no todos están conscientes sobre sus propias características culturales. También es necesario que el individuo se comprenda a sí mismo antes de que pueda comprender a alguien de una cultura diferente.

2.11. Evitar generalizaciones: en los encuentros interculturales, es muy difícil evitar los estereotipos. Sin embargo las generalizaciones

---

6 Véase por ejemplo a Wilfredo Plata (2008:155), donde se explica la reciente denominación de "camba" como proyecto político: En suma, la construcción del proyecto de las autonomías departamentales planteada por las élites bolivianas con su epicentro en Santa Cruz tiene como su eje operador al Comité Cívico Pro Santa Cruz. Su fuerza política radica en su autopercepción de reconocerse distinto del resto de la población boliviana –en particular de los indios de altiplano como dirían los ideólogos que enarbolan las banderas de las autonomías o en su versión radical el separatismo como plantea la agrupación Nación Camba.

Otro ángulo del debate autonomista radica en la visión xenófoba y anti-indígena (colla) de Ismael Muñoz Bata, cuando se refiere a los migrantes indígenas en Santa Cruz como a "mafias de comerciantes 'andígenas'". "La policía es un ejército 'andígena' de ocupación". "En los colegios públicos una cantidad desproporcionada de los puestos de trabajo y de las direcciones están en manos de alienígenas". La palabra "andígena" no existe en el lenguaje español, el autor querría decir seguramente 'indígena andino'. La palabra alienígena significa según el diccionario de la Real Academia Española "extranjero", "extraterrestre", "extraño", "no natural".

a veces son una trampa. Hay algunas que son inofensivas por positivas, por ejemplo: *el colla es trabajador, las orientales son bellas* o *el alteño es emprendedor*; pero las generalizaciones son en su mayoría negativas, dañinas, discriminadoras y ofensivas. Por lo tanto es necesario ir más allá de las generalizaciones superficiales y advertir las diversidades que existen entre las culturas, así como sus complejidades. El adagio popular nos dice que *"nadie puede respetar, apreciar o querer lo que no conoce"*.

2.12. Actitud abierta hacia el cambio: Dicen que el cambio provoca incomodidad. Sin embargo los cambios son necesarios para el desarrollo de la sociedad. Algunos cambios sociales promovidos por el estado, por ejemplo, afectan directamente a nuestros intereses particulares o afectan a algunas instituciones de manera significativa.

Para McEntte (en Fernández y Galguerra, 2008:185), los cambios pueden producir *choque cultural*; cuyas características son: a) *tensión*; b) *clima de rechazo*;[7] c) *desorientación*; d) *sensación de*

---

7 Por ejemplo la política de educación interracial de los EEUU que se promovió en la década de los 60. En particular de la niña afroamericana cuyos padres se animaron a inscribirla a un colegio para blancos: … cuando el gobierno decretó que *Little Rock Central High* debía aceptar estudiantes negros, no sólo muchos familias blancas se opusieron a que sus hijos compartieran aulas con muchachos negros, sino que el mismo gobernador de Arkansas envió a la guardia del estado a detenerle el paso a los nueve jóvenes que habrían de ser los primeros estudiantes negros de la escuela. Además de la guardia parada en la puerta de la escuela, una multitud blanca recibió a los niños durante dos días con insultos y gritos, no pudieron entrar a clase, hasta que al tercer día, Dwight Eisenhower, presidente de los Estados Unidos, mandó una tropa para garantizar que los niños negros entraran. Sólo tres de ellos se graduaron en esa escuela. Los demás se fueron porque los estudiantes blancos les hicieron la vida imposible. Una de las chicas precursoras cuenta que mientras caminaba abrazada a sus cuadernos, asustada por los insultos y el odio, se atrevió a levantar la cabeza y se refugió en la mirada de una mujer de apariencia bondadosa, de pronto, la mujer se le acercó y le escupió la cara. Otra niña negra fue expulsada a los pocos días de entrar porque le echó un plato de comida caliente a un niño blanco que no hacía sino molestarla. Ese fue el precio que tuvieron que pagar estos nueve muchachos negros por atreverse a aspirar a una mejor educación. Elizabeth Eckford fue una de los tres estudiantes que lograron permanecer en el colegio. Una famosa foto muestra cómo Elizabeth era insultada por una estudiante blanca. Hazel Bryan, de Little Rock. Luego de 5 años, esta estudiante pidió disculpas a Elizabeth. En 1960 volvió a Little Rock como profesora sustituta. En 1997, 20 años después de los hechos, cuando le preguntaron a Elizabeth por qué había vuelto a Little Rock, ya como docente, dijo que había sentido que era una obligación·volver. En 1997, la revista U.S News & World Report consideró que la experiencia de Little Rock se constituyó en un

pérdida; e)*sentimiento de sorpresa, ansiedad, disgusto e indignación,* y f) *sentimiento de impotencia.*

La labor de resolver los conflictos de interculturalidad en el estado es un proceso que va a tomar su tiempo. Sin embargo, la necesidad de impulsar una comunicación intercultural, debe afrontarse en términos de políticas y estrategias públicas.

- El acuerdo con el estado
- El acuerdo entre grupos culturales
- Consenso
- Dialogo
- Consulta

La comunicación intercultural, es un campo extenso de estudio. Hay varios estudios en Europa y EEUU, que privilegian los temas concernientes al trato de la comunicación con otras culturas en el ámbito del comercio y la negociación empresarial; otros países se preocupan por el tratamiento de la comunicación con los inmigrantes. El caso de caso de Bolivia es diferente, por que se trata de estudiar, entender y proyectar la comunicación entre personas de culturas que ya estaban presentes desde antes de la colonia. Esterman (2010:14) hace una clara diferenciación al respecto: *"En América latina, el gran desafío se produce a partir de la visibilización de una diversidad cultural, religiosa y civilatoria siempre existente, pero camuflada bajo el manto de una supuesta homogeneidad cultural.*

Entonces, el desafío para nuestro país es la interculturalidad en términos de rechazo a la imposición, asimilación o segregación de nuestras culturas. El desafío está en asumir la comprensión de nuestras culturas para el enriquecimiento y la igualdad en función de la diversidad.

---

modelo del éxito de la lucha contra la segregación. http://es.wikipedia.org/wiki/Elizabeth_E... Y tratando en contexto, podemos citar algunos casos sobre el rechazo de la NCPE; la resistencia al macro cambio fue tan fuerte que los opositores acudieron a los argumentos de la religión, la educación y la propiedad privada para evitar que gane el sí en el referéndum que aprobó la NCPE.

ALGUNOS CONCEPTOS CULTURALES IMPORTANTES PARA EL ESTADO PLURINACIONAL

3. ALGUNOS CONCEPTOS CULTURALES IMPORTANTES PARA EL ESTADO PLURINACIONAL

Los conceptos son parte de toda ideología. En el ámbito social es posible que un fenómeno tenga más de un concepto. En este sentido lo indígena, cholo, mestizo, raza y otros términos tienen más de un significado. ¿Debería el estado plurinacional boliviano establecer conceptos guía para poder generar planes, proyectos, leyes, normas, reglas cuando vayan relacionados con estas manifestaciones sociales? La denominación indígena, puede tener significados tan dispares como identidad étnica, así como una auto identificación social e incluso una categoría social.

3.1. Indígena no es sinónimo de campesino.

En varios artículos de la Nueva Constitución del Estado Plurinacional de Bolivia, se establece la relación de tres palabras: indígena originario campesino. Así de corrido, sin comas, creando un corpus unitario. El motivo de homogeneizar conceptualmente estas tres palabras puede deberse a una posición ideológica en particular. Los conceptos en ciencias sociales son resultado de una manera específica de percibir la realidad (es decir son productos ideológicos). Pues en estricto *sensu* un indígena puede ser campesino o no. A su vez un campesino no necesariamente puede ser indígena. Por otra parte indígena y originario son sinónimos.

En las siguientes notas podemos apreciar la connotación ideológica de estos tres términos:

Evo promulga la nueva Constitución que encamina a Bolivia a un Estado plurinacional y autonómico

La carta Magna aprobada en los referendos del domingo 25 tiene un fuerte sello indigenista

El Presidente promulgará hoy la Carta Magna en un acto, acompañado por los movimientos sociales en la ciudad de El Alto. Se configura un Estado plurinacional con reconocimiento a los pueblos indígenas. Las autonomías redistribuirán la administración del aparato público.

....

La socióloga cochabambina María Teresa Zegada destaca que el nuevo Estado tiene la cualidad plurinacional, pues este principio garantizará una mayor participación de sectores "históricamente discriminados" en el ámbito político del país, como los pueblos indígenas, campesinos y originarios.

...

El término "pueblo indígena originario campesino" aparece 52 veces en la Carta Magna que será promulgada hoy (La Prensa, 2008:4).

En cambio, hubo voces disonantes aun antes de la aprobación de la NCPE, esta nota de PRODEMA precisamente observa la confusión entre los términos campesino e indígena:

Los derechos indígenas en la nueva constitución

Teresa Flores Bedregal

Ser campesino no es lo mismo que ser indígena. La nueva Constitución introduce el concepto indígena originario campesino equiparando sus derechos. De esta manera, en vez de reconocer los derechos consuetudinarios de los pueblos indígenas, hace que todos los habitantes del área rural gocen de derechos sobre territorios y recursos naturales. Esto a la larga irá en desmedro de aquellos pueblos indígenas que cuentan con poblaciones muy reducidas y cuya sobrevivencia está amenazada.

La nueva Constitución presentada por la Asamblea Constituyente refleja una diversidad de escuelas de pensamiento, algunas muy avanzadas y otras francamente retrógradas que se sobreponen, sin considerar las profundas contradicciones, a veces irreconciliables, en las que se incurre. La terminología y los conceptos, están vinculados y responden a ideologías políticas, escuelas filosóficas y/o a ramas específicas del conocimiento, por lo que deberían guardar cierta coherencia, sobre todo en un texto jurídico cuyo fin es que sea cumplido.

Para ilustrar esta aseveración en el Capítulo sobre Derechos de las Naciones y Pueblos Indígena Originario Campesinos, el Artículo 30, Inciso I, sostiene: "Es nación y pueblo indígena originario campesino toda la colectividad humana que comparta identidad cultural, idioma, tradición histórica, instituciones, territorialidad y cosmovisión, cuya existencia es anterior a la invasión colonial española."

42

El problema de este artículo es que el término campesino fue introducido en nuestra legislación por el MNR con fines políticos en 1962, ya que precisamente se trataba de borrar la identidad indígena, y convertir a los indígenas en campesinos despojándoles de sus características culturales específicas. De la misma manera que se crearon los sindicatos para eliminar las organizaciones propias de los pueblos indígenas.

El otorgar los mismos derechos a los pueblos indígenas y a los campesinos, que pueden ser poblaciones mestizas, dará origen a una gran confusión jurídica porque cualquier persona que habita en el área rural y vive de la producción agropecuaria es considerada campesina. Esta mezcla de categorías es muy problemática sobre todo cuando se trata de otorgar derechos sea en territorios ancestrales o de uso de los recursos naturales.

En ese mismo capítulo se otorgan derechos exclusivos de aprovechamiento de los recursos renovables en los territorios indígenas, y no así de los recursos no renovables (minería e hidrocarburos). Sin considerar que la explotación hidrocarburífera y minera causa grandes impactos ambientales, y que puede afectar grandemente a los pueblos indígenas como ha ocurrido en muchas partes del mundo.

Tampoco se toma en cuenta que el otorgar derechos exclusivos sobre los recursos naturales renovables implica, por ejemplo, que se puede hacer un uso exclusivo de los ríos, lo que a su vez vulneraría el derecho de acceso al agua de las poblaciones río abajo.

Por otra parte, en el capítulo de derechos se introducen normas de gestión y políticas, lo que complicará la aplicación de los derechos que deben ser una prestación positiva del Estado. Es decir que el Estado tiene la obligación de hacerlos cumplir. En tanto que las normas de gestión deberían ir a la parte de los regímenes que establecen cómo se administrará un determinado sector del Estado.

Estas contradicciones y fallas en la redacción deberían ser superadas antes de someter el texto a Referéndum y, entre ello, debería incluirse un glosario que aclare los nuevos conceptos que se han introducido.[8]

---

8 Disponible en: http://www.prodena.org/portal/index.php?option=com_content&task=view&id=60&I temid=2

3.2. No es lo mismo ser cholo que mestizo

Sobre este término existen discrepancias incluyendo los diccionarios. Según el *Diccionario Real de la Academia Española*, cholo significa mestizo de sangre europea e indígena. Según el *Pequeño Larousse Ilustrado*, cholo significa indio civilizado.

En Bolivia, el tema *cholo* es relativamente poco estudiado por las ciencias sociales, en cambio en Perú, este tema ya es un tópico en pleno análisis por varias disciplinas.

Aunque lo cholo y lo mestizo son términos que designan hibridación cultural, puede haber diferenciación a partir de un proceso histórico, como lo ratifica Albó:

El grupo sociocultural, despectivamente llamado cholo, cuyo origen no es el cruce biológico, como en la época colonial, sino una transformación interna de la forma de vida e identidad de indígenas establecidos en la ciudad. Desde entonces se va percibiendo, sobre todo en esos ambientes urbanos, una clara diferencia entre estos nuevos cholos y los tradicionales "mestizos", más cercanos a los grupos dominantes. Barragán (Albó, 2005:5).

3.3. Cholo como adjetivo, mestizo como sustantivo.

Al parecer para muchos autores, las personas prefieren designarse mestizos a cholos. Pues el término cholo tiende a utilizarse mas como adjetivo calificativo negativo, esto puede confirmarse en muchas expresiones que se utilizan en nuestra sociedad: *"Tu cholo proceder"* (para explicar un comportamiento social poco aceptable) o *"Seguro que estaba con su chola"* (para explicar que el marido estaba con su amante aunque la amante no sea necesariamente una mujer de pollera).

3.4. Cholo soy y no me compadezcas

Esta famosa canción peruana, ocupa un lugar preferencial en la antología del análisis sobre la categoría social *cholo*.

CHOLO SOY Y NO ME COMPADEZCAS

(Vals Peruano)
Autor: Luis Abanto Morales

Cholo soy y no me compadezcas,
esas son monedas que no valen nada
y que dan los blancos como quien da plata,
nosotros los cholos no pedimos nada,
pues faltando todo, todo nos alcanza.

Déjame en la Puna, vivir a mis anchas,
trepar por los cerros detrás de mis cabras,
arando la tierra, tejiendo los ponchos, pastando mis llamas,
y echar a los vientos la voz de mi quena
dices que soy triste, ¿qué quieres que haga?

No dicen ustedes que el cholo es sin alma
y que es como piedra, sin voz ni palabra
y llora por dentro, sin mostrar las lágrimas.

Acaso no fueron los blancos venidos de España
que nos dieron muerte por oro y por plata,
no hubo un tal Pizarro que mató a Atahualpa,
tras muchas promesas, bonitas y falsas.

(Recitado)
Entonces que quieres, que quieres que haga,
que me ponga alegre como día de fiesta,
mientras mis hermanos doblan las espaldas
por cuatro centavos que el patrón les paga.
Quieres que me ría,
mientras mis hermanos son bestias de carga
llevando riquezas que otros se guardan.
Quieres que la risa me ensanche la cara,
mientras mis hermanos viven en las montañas como topos,
escarba y escarba, mientras se enriquecen los que no trabajan.

> *Quieres que me alegre,*
> *mientras mis hermanas van a casas de ricos*
> *lo mismo que esclavas.*
> *Cholo soy y no me compadezcas.*
>
> *Déjame en la Puna vivir a mis anchas,*
> *trepar por los cerros detrás de mis cabras,*
> *arando la tierra, tejiendo los ponchos, pastando mis llamas,*
> *y echar a los vientos la voz de mi quena*
> *déjame tranquilo, que aquí la montaña*
> *me ofrece sus piedras, acaso más blandas*
> *que esas condolencias que tú me regalas.*
> *Cholo soy y no me compadezcas*

Según esta canción el *cholo* tiene el mismo sentido de indígena, pero trasladado a otro hábitat (ciudad). En la letra, el cholo pide que se le deje en paz en el habitad andino. Así confirmamos que cholo tiene múltiples aristas conceptuales. La complejidad del tema pasa por un análisis no solo etimológico (cholo como perro, cholo como joven interdicto) sino como proceso histórico: indígena civilizado, una reivindicación identitaria, también como un individuo desenfrenado:

"El cholo, más bien, es visto por las elites como amenazante, agresivo y sin respeto a los límites: el indio está en el campo, pasivo, mientras que el cholo en la ciudad, "desbordándola", "invadiéndola", "orinándola", haciendo ruido, demandando del Estado, teniendo demasiados hijos, emborrachándose, tratando mal a sus hijos y mujeres. Es decir, siempre excediéndose.[9]

3.5. Ser indígena.

El encuadre conceptual sobre el indígena, generalmente puede clasificarse en dos sentidos: el malo, indeseable, destructor y contracivilizado y por otra parte el niño, el que debe ser comprendido, a quien se debe comprender, enseñar, instruir y en último término "civilizar".

---

9 Callirgos (1993:20). *El racismo peruano*. Disponible en: www.cholonautas.edu.pe / Biblioteca Virtual de Ciencias Sociales

3.5.1. El indígena "malo"

En la novela *Raza de Bronce*, se puede encontrar un fragmento que resume el parecer de muchos racistas respecto a lo que es el indígena (andino). El personaje Pantoja (heredero de la hacienda) dice:

> "…los indios son hipócritas, solapados, ladrones por instinto, mentirosos, crueles y vengativos. En apariencia son humildes porque lloran, se arrastran y besan la mano que les hiere; pero ¡ay, de ti si te encuentran indefenso y débil! Te comen vivo" (Arguedas, 1980:97).

3.5.2. El indígena como *"niño"*, *"interdicto"*

Un siglo después de escrito el libro *Pueblo Enfermo*, hay ejemplos recientes sobre el pensamiento anacrónico del indígena como alguien a quien se puede castigar porque se cree que es interdicto como un niño. La portada del libro *EVADAS* (Rodríguez, 2011), es un buen ejemplo para hacer un análisis a vuelo de pájaro de lo que piensan algunos discriminadores sobre el indígena: como un muchacho o niño interdicto a quien se debe enseñar (o castigar) para que llegue a ser un ciudadano "civilizado". El cuadro es muy descriptivo:

Al presidente Evo se lo muestra como el clásico niño castigado (la resortera le da esa connotación). Y debe escribir la frase en la pizarra -¿cien veces?- *"el que dice lo que no debe, escucha lo que no quiere"*. En síntesis es Evo un niño a quien debe educarse con el castigo clásico de la *prehistoria* victoriana. Es el indígena que se atreve a decir lo que piensa (por decir *evadas*) el que debe ser castigado por un *"mentor"*, el *"civilizado"* en este caso por Alfredo Rodríguez Peña -¿*el hombre blanco*?-

Esta visión del indígena como un niño, también se encuentra en el léxico común de las personas cuando dicen *hombrecito* al indígena con ese adjetivo diminutivo que tiene connotación de inferioridad.

Un cuento peruano mencionado por Callirgos (1993:20), explica el pensamiento que se tiene en Perú (y en Bolivia) respeto al indígena:

> ...dos visiones tipo que las elites construyen respecto a los "otros": la del buen salvaje y la del salvaje desenfrenado....el indio –considerado el campesino fue y es visto por las elites como un niño grande, al cual hay que guiar por el buen camino. Es percibido como un ser dócil, resignado, aunque a veces difícil de penetrar. Un ejemplo paradigmático es el cuento de Alfredo Bryce titulado "Dos indios".
>
> En él, Manolo, un estudiante peruano en Roma, recuerda a los dos únicos indios que conoció en Lima. Recuerda que, a pesar de poder ser sus padres, le parecían dos niños, siempre esperándolo en el oscuro cuarto de la casa en construcción que vigilaban. Manolo decide regresar al Perú, desde Roma, luego de varios años, a buscar a "sus" indios, a los que imagina aún sentados en el mismo oscuro cuarto, esperándolo. Los indios como niños grandes, inmóviles, oscuros y pasivos, producen lástima y –en el caso de Manolo- necesitan la protección de un blanco paternalista. Los indios del cuento de Bryce siguen siendo extraños en la ciudad, y no constituyen una amenaza.

3.6. Etnicidad

Según Kottak (2002:63), puede decirse que existe etnicidad cuando la gente exige para sí una cierta identidad y es definida por otros con referencia a esa identidad. Etnicidad significa *identificación con, y sentirse parte de*, un grupo étnico, y exclusión de ciertos otros grupos debido a esta afiliación.

En Bolivia, debido a la preferencia y reivindicación social de los indígenas -indígena originario campesino-, el proceso de elecciones de autoridades judiciales tuvo un tinte interesante, los candidatos especificaron su autoidentificacion étnica, punto importante para definir un rol, status y además la preferencia en los votantes. Por ejemplo la candidata Deysi Villagomez Velasco, quien se autodefine de origen indígena originario campesino

Número 1

Nombre Deysi Villagomez Velasco

Fecha de nacimiento 2 de Octubre, 1976

Lugar de nacimiento Huaraca, San Pedro de Buena Vista, Provincia Charcas, Potosí

Profesión Abogada

1. Datos personales:

a) Nombres y apellidos: Deysi Villagomez Velasco

b) Lugar y fecha de nacimiento: Comunidad Campesina Huaraca, Municipio de San Pedro de Buena Vista - lugar del Toro Tinku y (pelea de toros), Provincia Charcas, Departamento de Potosí, nací el 02 de Noviembre de 1976

c) Sexo: Femenino

d) Autoidentificación: De origen indígena originario campesino.

2. Méritos:

a) Formación Académica:

   • Licenciatura en Ciencias Jurídicas y Políticas

   • Diplomado en Saneamiento de Tierras

b) Experiencia profesional:

En mi condición de profesional proveniente de una comunidad quechua, del norte de potosí comunidad de extrema pobreza con suelos secanos y de producción temporal, trace como mi meta el de salir adelante y ser profesional, el mismo que con mucho sacrificio y esfuerzo logre obtenerlo con la finalidad de mi superación y apoyo a las regiones más desprotegidas que en mi concepto son las áreas rurales, y es en ese sentido que logre ingresar el año 2001 al INRA (Instituto

Nacional de Reforma Agraria), en calidad de pasante egresada de derecho, el año 2002 en calidad de traductora en quechua, dirigida hacia las comunidades campesinas, desempeñando el año 2003 a 2005 como Asistente Jurídico, evaluadora jurídica desde mediados del 2005 a 2007 y del 2008 a junio del 2011 como responsable de saneamiento y titulación de tierras agrarias, durante este periodo me dedique a colaborar a los propietarios y poseedores de tierras, durante este tiempo busque siempre la igualdad de participación de la mujer y el hombre en la obtención y el acceso a la tierra[10]

Para Kottak (2002:64) el análisis del estatus étnico puede ser de prestigio, adquirido o adscrito:

> En las conversaciones cotidianas escuchamos con frecuencia el término status que se utiliza como sinónimo de prestigio. Pero entre los científicos sociales dicho término es más neutral, pues significa cualquier posición que alguien ocupa en la sociedad.
>
> Hay algunos status que son adscritos. Lo cual quiere decir que dichas personas tienen escasa o nula capacidad de elección en su obtención. La edad es un status adscrito. También lo suelen ser la raza y la etnicidad.
>
> Los status adquiridos, al contrario de los adscritos, se obtienen mediante tratos, talentos, acciones, esfuerzos, actividades y logros.

La confusión de un estatus étnico particular puede hacer pensar a muchos que para ser indígena es un requisito *sine qua non* hablar el idioma nativo correspondiente. Así se describe en la nota que a continuación mostramos:

La mitad de los postulantes al Tribunal Constitucional no hablan idioma nativo

04/07/2011 publicado por Germán Rojas

Tv noticias. 'Dicen ser indígenas pero no hablan el idioma nativo', se señala. Requisito no es obligatorio.

---

10 Fuente: http://www.oxigenobolivia.com/elecciones/tribunal_agroambiental

'De los 25 que han sido convocado en la mañana, se han presentado 23, de los 23 aproximadamente 20 se auto definen indígena originario campesinos y de ese total aproximadamente 20 no hablan el idioma nativo' Señala Marcela Revollo.

Según asambleístas los requisitos no es (*sic*) obligatorio:

'No es requisito constitucional, se les ha plantado que eso no se va aplicar en esta primera fase' dice Fabián Yacsik.

'Hay muchos postulantes que se han puesto como indígena originario campesinos, han acreditado certificados, pero a la hora de hacer la prueba del idioma se ha demostrado que no hablan el idioma que dicen hablar'.[11]

No queremos entrar en la discusión sobre si algunos candidatos al Tribunal Constituyente hablaban o no hablaban el idioma que decían hablar, pero en el caso boliviano, la etnicidad en muchas ocasiones, por lo visto, no es adscrito sino adquirido. En la actualidad, especialmente en las esferas de la política, está ocurriendo un fenómeno que podría denominarse "la adquisición étnica originaria", que de alguna manera reivindica nuestra esencia étnica indígena y que puede ir socavando todo el proceso histórico negativo del *blanqueamiento* social a veces forzado por una sociedad excluyente heredada desde la colonia.

Al respecto el antropólogo Xavier Albó (2005:5) confirma que la etnicidad puede ser asumida o designada:

…es oportuno recordar y distinguir siempre entre las identidades asumidas por los propios interesados y las identidades que les dan otros. En efecto, la identidad en un grupo puede surgir o quedar marcada por tres fuentes:

- Por adscripción automática. Por ejemplo, al nacer quedamos adscritos a una familia, a un país, a una raza.

- Por designación ajena. Por ejemplo, al recibir un nombre en la niñez o cuando alguien señala a otro y dice: "éste es un indio".

---

11 Disponible en: http://eju.tv/2011/07/la-mitad-de-los-postulantes-al-tribunal-constitucional-no-ha-blan-idioma-nativo/

- Por propia decisión. Por ejemplo, al formar un club, al inscribirnos en un partido político o adquirir la nacionalidad de otro país.

3.7. Raza un término desprestigiado y anacrónico

La raza es un término muy discutido, al punto de que esta descalificado en muchos foros y en la academia de varias disciplinas sociales.

En ámbitos académicos (por ejemplo en las disciplinas de la antropología y sociología), pocos profesionales osan utilizar el término *raza* como base conceptual de clasificación étnica de los distintos grupos humanos en determinados estudios sociales.

Pero para Todorov (en Montaño, 1996:119), la raza subsiste en la percepción de los individuos. La persistencia de la memoria social no conoce de prohibiciones académicas y este término sigue tan campeante en las múltiples conversaciones de la sociedad civil.

> "...pero este argumento científico no es en realidad pertinente para combatir las doctrinas racialistas: se responde aquí, mediante datos biológico, a una cuestión que atañe a la psicología social. El hecho de que las razas existen o no para los científicos no influye en nada en la percepción de un individuo cualquiera, que comprueba perfectamente que las diferencias están ahí...además la existencia de individuos, o incluso de poblaciones, surgidos del cruzamiento de dos razas, lejos de convertir en caduco el concepto raza, no hace sino confirmarlo: se identifica al mestizo precisamente porque en él se pueden reconocer los representantes de cada raza".

3.8. El mestizaje como concepto genérico.

Después de todo somos mestizos culturales. Independientemente de un cruce biológico, creemos en el Dios de los cristianos y además hacemos ch'allas y mesas andinas para la pachamama. El mestizaje cultural es el resultado de la educación, información, experiencia e intercambio de experiencias de las diferentes culturas que conformamos los bolivianos.

Sanjinés (2007:2) al respecto señala que:

> De lo que se trata es de ver al mestizaje principalmente como mestizaje cultural y no como mestizaje entendido "como expresión imaginada de la nación" y "como uno de los discursos dominantes que, a fin de organizar la nación, los intelectuales bolivianos elaboraron durante el siglo pasado, ya sea oponiéndose abiertamente a los sectores indígenas subalternos, o cooptando la conciencia de éstos". Sanjinés lo que cuestiona es el mestizaje como discurso de poder; es decir, …ese mestizaje reductor que uniforma las cosas de una manera tal que impide que lo diverso, lo alternativo y lo múltiple puedan verdaderamente aflorar, mostrar que el país tiene también otras lógicas desde las cuales puede ser pensado".

3.9. Un adiós al nacionalismo mestizo

La lógica de un mestizaje concatenador para la construcción de una identidad boliviana discurre en un intento solapado de la negación de lo indio.

La idea de un nacionalismo representativo boliviano, cae por su propio peso, cuando intenta ignorar a otras naciones que a su vez están enmarcadas en un cuadro estatal homogeneizador

Sanjinés, al respecto, cree que en la actualidad ya no hay espacio para una ideología que tenga una esperanza homogeneizadora tipo revolución del 52:

> …efectivamente, es un discurso racial que pretende "invisibilizar" lo indígena. Es un discurso ideológicamente manipulado porque, aunque pretende incluir a todos bajo el concepto de ciudadanía, los excluye en los hechos, reforzando las diferencias sociales y económicas. Robert Stutzman lo ha llamado apropiadamente "discurso de la inclusión abstracta y de la exclusión concreta". Hoy, debido a la presencia de los movimientos sociales, ese discurso está en crisis….La crisis del discurso mestizo está ligada al fracaso del capitalismo de Estado. Sin embargo, hoy en día parecería renacer el viejo populismo, el de la Revolución nacional, aunque me parece que la "razón popular" muestra hoy aspectos muy diferentes. Creo que se ha esfumado la posibilidad de construir una cultura nacional homogénea, un "nacionalismo mestizo" como categoría totalizadora de lo nacional. Por el contrario, me parece que la nueva visión de lo popular viene condicionada por las partes más que por el todo. Pienso en los movimientos sociales como fragmentos

que resisten la integración hegemónica que, por ejemplo, se daba a partir de la interpelación de los partidos políticos. Estamos participando de un fenómeno nuevo, de lógicas nuevas, subalternas, que ponen del revés toda la construcción oficial. Sanjinés (2007:2)

Lejos de agotar estos temas, asumimos que son trabajos pendientes de los ministerios que atañen: ministerio de Culturas, vice ministerio de Descolonización, Organo Electoral[12] y otros, que deben analizar, estudiar y resolver estas cuestiones, pues son de importancia crucial para la proyección de un estado plurinacional.

4. Relación de los componentes comunicación e información en la Constitución Política del Estado Plurinacional de Bolivia

Hace varias décadas ya, que se estudian los efectos de la comunicación y la información en procesos de cambio y desarrollo en las sociedades, primordialmente en países en vías de desarrollo. A partir de este antecedente, cabe preguntarse: ¿cuáles son las tendencias que expresa en materia de comunicación e información la NCPE? ¿Responde a las exigencias del actual contexto histórico? Si la NCPE enarbola la pluriculturalidad, ¿cuál es su correspondiente en materia de comunicación?

A continuación desplegamos los artículos completos de la NCPE, que tienen correspondencia con la comunicación e información:

---

12 "Ante el inicio de las gestiones a fin de realizar un nuevo censo, el 2 de enero, a través de la red social twiter, el analista político Roberto Laserna (@roblaser) y el economista Franz Flores (@franz_flores) intercambiaron comentarios sobre la pertinencia o no de incluir la categoría de "mestizo" como opción posible de autoidentificación. Flores, ante la arremetida a favor de que se incluya esta posibilidad, señaló que la idea de mestizaje es homogeneizante y busca borrar las diferencias culturales existentes en el país: Laserna respondió señalando que el mestizaje no puede buscar nada porque no es una instancia dotada de voluntad, sino simplemente una *identificación étnica"* (*Página Siete*. Suplemento Ideas, 2012:7).

	TEMAS
ÁREAS	**IDIOMAS**
BASES FUNDAMENTALES DEL ESTADO	**Artículo 5** **I.** Son idiomas oficiales del Estado el castellano y todos los idiomas de las naciones y pueblos indígena originario campesinos, que son aymara, araona, baure, bésiro, canichana, cavineño, cayubaba, chácobo, chimán, ese ejja, guaraní, guarasu'we, guarayu, itonama, leco, machayuwa, machineri, mojeño-trinitario, mojeño-ignaciano, moré, mosetén, movima, pacawara, quechua, maropa, sirionó, tacana, tapieté, toromona, puquina, uru-chipaya, weenhayek, yaminawa, yuki, yuracaré y zamuco. **II.** El gobierno plurinacional y los gobiernos departamentales deberán utilizar al menos dos idiomas oficiales. Uno de ellos debe ser el castellano, y los otros se decidirán tomando en cuenta el uso, la conveniencia, las circunstancias y las necesidades y preferencias de la población en su totalidad o del territorio en cuestión. Los otros gobiernos autónomos deberán utilizar los idiomas propios de su territorio, y uno de ellos debe ser el castellano.
	CONSULTA
SISTEMA DE GOBIERNO **DERECHOS DE LAS NACIONES Y PUEBLOS INDÍGENA ORIGINARIO CAMPESINOS** **MEDIO AMBIENTE, RECURSOS NATURALES, TIERRA Y TERRITORIO**	**Artículo 11** II. La democracia se ejerce de las siguientes formas, que serán desarrolladas por la ley: Directa y participativa, por medio del referendo, la iniciativa legislativa ciudadana, la revocatoria de mandato, la asamblea, el cabildo y la consulta previa, entre otros. Las asambleas y cabildos tendrán carácter deliberativo. **Artículo 30** II. Las naciones y pueblos indígena originario campesinos gozan de los derechos: 15. A ser consultados mediante procedimientos apropiados, y en particular a través de sus instituciones, cada vez que se prevean medidas legislativas o administrativas susceptibles de afectarles. En este marco, se respetará y garantizará el derecho a la consulta previa obligatoria, realizada por el Estado, de buena fe y concertada, respecto a la explotación de los recursos naturales no renovables en el territorio que habitan **Artículo 341** La población tiene derecho a la participación en la gestión ambiental, y a la consulta previa e informada sobre decisiones que pudieran afectar a la calidad del medio ambiente.
	DIÁLOGO
PRINCIPIOS, VALORES Y FINES DEL ESTADO	**Artículo 9** Son fines y funciones esenciales del Estado, además de las que establece la Constitución y la ley: 2. Garantizar el bienestar, desarrollo, seguridad y protección e igual dignidad de las personas, las naciones, pueblos y comunidades, fomentando el respeto mutuo y el diálogo intracultural, intercultural y plurilingüe

	DISCRIMINACIÓN
DERECHOS, DEBERES Y GARANTÍAS	**II.** El Estado prohíbe y sanciona toda forma de discriminación fundada en razón de sexo, color, género, edad, orientación sexual e identidad de género, origen, cultura, nacionalidad, ciudadanía, idioma, credo religioso, ideología, filiación política o filosófica, estado civil, condición económica o social, tipo de ocupación, grado de instrucción, discapacidad, estado de embarazo, u otras que tenga por objetivo o resultado anular o menoscabar el reconocimiento, goce o ejercicio en condiciones de igualdad de derechos y libertades de toda persona.
	TELECOMUNICACIONES
DERECHOS FUNDAMEN-TALÍSIMOS	**Artículo 20** **I.** Toda persona tiene derecho al acceso universal y equitativa a los servicios básicos de agua potable, alcantarillado, electricidad, gas domiciliario, telecomunicaciones y transporte.
	LIBERTAD DE EXPRESIÓN, ACCESO A LA INFORMACIÓN, PRIVACIDAD.
DERECHOS CIVILES	**Artículo 21** **5.** A expresar y difundir libremente pensamientos u opiniones por cualquier medio de comunicación, de forma oral, escrita o visual, individual o colectiva. **6.** A comunicar, informar, opinar, interpretar y acceder a la información, de manera individual o colectiva. **Artículo 25** **I.** Toda persona tiene derecho a la inviolabilidad de su domicilio y al secreto de las comunicaciones privadas en todas sus formas, salvo autorización judicial **II.** Ni la autoridad pública, ni persona u organismo alguno, podrán interceptar conversaciones o comunicaciones privadas mediante instalación que las controle o centralice **IV.** La información y prueba obtenida con violación de correspondencia y comunicaciones en cualquiera de sus formas no producirán efecto legal.
	ADMINISTRACIÓN Y CREACIÓN DE MEDIOS DE COMUNICACIÓN
DERECHOS DE LAS NACIONES Y PUEBLOS INDÍGENA ORIGINARIO CAMPESINOS	**Artículo 30** **I.** Es nación y pueblo indígena originario campesino toda la colectividad humana que comparta identidad cultural, idioma, tradición histórica, instituciones, territorialidad y cosmovisión, cuya existencia es anterior a la colonia española. **8.** A crear y administrar sistemas, medios y redes de comunicación propios **9.** A que sus saberes y conocimientos tradicionales, su medicina tradicional, sus idiomas, sus rituales y sus símbolos y vestimentas sean valorados, respetados y promocionados. **12.** A una educación intracultural, intercultural y plurilingüe en todo el sistema educativo
	LENGUAJE ALTERNATIVO
DERECHOS DE LAS PERSONAS CON DISCA-PACIDAD	**Artículo 70** III. A la comunicación en lenguaje alternativo

DERECHOS DE LAS PERSONAS PRIVADAS DE LIBERTAD	
	PUBLICIDAD
DERECHOS DE LAS USUARIAS Y LOS USUARIOS Y DE LAS CONSUMIDORAS Y LOS CONSUMIDORES	**Artículo 76** **2.** A la información fidedigna sobre las características y contenidos de los productos que consuman y servicios que utilicen.
	NUEVAS TECNOLOGÍAS DE LA INFORMACIÓN Y LA COMUNICACIÓN
CIENCIA, TECNOLOGÍA E INVESTIGACIÓN	**Artículo 105** II. El Estado asumirá como política la implementación de estrategias para incorporar el conocimiento y aplicación de las nuevas tecnologías de la información y la comunicación.
ACCIÓN DE PROTECCIÓN DE PRIVACIDAD	**Artículo 133** I. Toda persona individual o colectiva que crea estar indebida o ilegalmente impedida de conocer, objetar u obtener la eliminación o rectificación de los datos registrados por cualquier medio físico, electrónico, magnético o informático, en archivos o bancos de datos públicos o privados, o que afecten a su derecho fundamental a la intimidad y privacidad personal y familiar, a su propia imagen, honra y reputación, podrá interponer la Acción de Protección de Privacidad. II. La Acción de Protección de Privacidad no procederá para levantar el secreto en materia de prensa.
	DERECHO A LA INFORMACIÓN
ESTADOS DE EXCEPCIÓN	**Artículo 140** En caso de peligro para la seguridad del Estado, amenaza externa, conmoción interna o desastre natural, la Presidenta o el Presidente del Estado tendrá la potestad de declarar el estado de excepción, en todo o en la parte del territorio donde fuera necesario. La declaración del estado de excepción no podrá en ningún caso suspender las garantías de los derechos, ni los derechos fundamentalísimos, el derecho al debido proceso, el derecho a la información, o los derechos de las personas privadas de libertad.
	INVIOLABILIDAD
COMPOSICIÓN Y ATRIBUCIONES DE LA **ASAMBLEA LEGISLATIVA PLURINACIONAL**	**Artículo 153** **I.** Las asambleístas y los asambleístas en virtud de su mandato constitucional, gozarán de inviolabilidad personal durante el tiempo de su mandato y con posterioridad a éste, por las opiniones, comunicaciones, representaciones, requerimientos, interpelaciones, denuncias, propuestas, expresiones o cualquier acto de legislación, información o fiscalización que formulen o realicen en el desempeño de sus funciones.

	RÉGIMEN GENERAL DE LAS COMUNICACIONES Y LAS TELECO-MUNICACIONES
DISTRIBUCIÓN DE COMPETENCIAS	**Artículo 298** Son competencias privativas indelegables del Estado plurinacional **21.** Régimen general de las comunicaciones y las telecomunicaciones; servicio postal y telegráfico
	INFORMACIÓN AL PROCURADOR
PROCURADURÍA GENE-RAL DEL ESTADO	**Artículo 176** **4.** Requerir a las servidoras públicas, a los servidores públicos, y a las personas particulares, la información que considere necesaria a los fines del ejercicio de sus atribuciones. Esta información no se le podrá negar por ninguna causa ni motivo; la ley establecerá las sanciones correspondientes.
	CONOCIMIENTO DE DOS IDIOMAS / INFORMACIÓN RESERVADA
SERVIDORAS PÚBLICAS Y SERVIDORES PÚBLI-COS	**Artículo 181** Para acceder al desempeño de funciones públicas se requiere: **7.** Conocer al menos dos idiomas oficiales del país. **Artículo 184** II. Las servidoras públicas y los servidores públicos tienen la obligación de guardar secreto respecto a las informaciones reservadas, y no podrán transferirlas incluso después de haber cesado en sus funciones. El procedimiento de califica-ción de la información reservada estará previsto en la ley.
	INFORMACIÓN AL DEFENSOR
DEFENSORÍA DEL PUE-BLO	**Artículo 233** Son atribuciones de la Defensoría del Pueblo, además de las que establezcan la Constitución y la ley: **4.** Solicitar a las autoridades y servidores públicos información respecto a las investigaciones que realice la Defensoría del Pueblo, sin que puedan oponer reserva alguna. **Artículo 234** Las autoridades y los servidores públicos tienen la obligación de proporcionar a la Defensoría del Pueblo la información que solicite en relación al ejercicio de sus funciones. En caso de no ser debidamente atendida en su solicitud, la Defensoría interpondrá las acciones correspondientes contra la autoridad, que podrá ser destituida si se demuestra el incumplimiento.
	INFORMACIÓN AL CONTROL SOCIAL
PARTICIPACIÓN Y CON-TROL SOCIAL	**Artículo 241** La participación y el control social implica, además de las previsiones estableci-das en la Constitución y la ley: 5. Generar un manejo transparente de la información y del uso de los recursos en todos los espacios de la gestión pública. La información solicitada por el control social no podrá denegarse, y será entregada de manera completa, veraz, adecuada y oportuna.

	Artículo 300 Son competencias de los gobiernos de los departamentos autónomos, en su jurisdicción:
	INFORMACIÓN ECONÓMICA AL MINISTERIO
POLÍTICA FISCAL	**Artículo 319** V El Órgano Ejecutivo, a través del Ministerio económico del ramo, tendrá acceso directo a la información del gasto presupuestado y ejecutado de todo el sector público. El acceso incluirá la información del gasto presupuestado y ejecutado de las Fuerzas Armadas y la Policía Boliviana.
	POLÍTICAS DE INFORMACIÓN TÉCNICA PARA EL SECTOR MINERO
MINERÍA Y METALURGIA	**Artículo 368** IV. El Estado, a través de sus entidades autárquicas, promoverá y desarrollará políticas de administración, prospección, exploración, evaluación e información técnica, geológica y científica de los recursos naturales no renovables para el desarrollo minero.
EDUCACIÓN	Artículo 77. II. La educación es intracultural, intercultural y plurilingüe en todo el sistema educativo. Artículo 79. La educación fomentará el civismo, el diálogo intercultural y los valores ético morales. Los valores incorporarán la equidad de género, la no diferencia de roles, la no violencia y la vigencia plena de los derechos humanos Artículo 84. El Estado y la sociedad tienen el deber de erradicar el analfabetismo a través de programas acordes con la realidad cultural y lingüística de la población. El Estado promoverá la formación técnica, tecnológica, productiva, artística y lingüística, a través de institutos técnicos.
	PROGRAMAS PARA LAS LENGUAS ORIGINARIAS
EDUCACIÓN SUPERIOR	**Artículo 91.** II. La educación superior es intracultural, intercultural y plurilingüe, y tiene por misión la formación integral de recursos humanos con alta calificación y competencia profesional; desarrollar procesos de investigación científica para resolver problemas de la base productiva y de su entorno social; promover políticas de extensión e interacción social para fortalecer la diversidad científica, cultural y lingüística; participar junto a su pueblo en todos los procesos de liberación social, para construir una sociedad con mayor equidad y justicia social. **Artículo 97** II. Las universidades están obligadas a implementar programas para la recuperación, preservación, desarrollo, aprendizaje y divulgación de las diferentes lenguas de los pueblos y naciones indígenas originarias campesinos.

CAPÍTULO SÉPTIMO COMUNICACIÓN SOCIAL	
DERECHOS:	
COMUNICACIÓN E INFORMACIÓN	Artículo 106. I. El Estado garantiza el derecho a la comunicación y el derecho a la información.

LIBERTAD DE EXPRE-SIÓN, OPINIÓN, INFOR-MACIÓN, RECTIFICA-CIÓN, RÉPLICA	II. El Estado garantiza a las bolivianas y los bolivianos el derecho a la libertad de expresión, de opinión y de información, a la rectificación y a la réplica, y el derecho a emitir libremente las ideas por cualquier medio de difusión, sin censura previa. III. El Estado garantiza a las trabajadoras y los trabajadores de la prensa, la libertad de expresión, el derecho a la comunicación y a la información.
CLÁUSULA DE CON-CIENCIA	IV. Se reconoce la cláusula de conciencia de los trabajadores de la información.
PROMOCIÓN DE LOS VALORES	Artículo 107. I. Los medios de comunicación social deberán contribuir a la promoción de los valores éticos, morales y cívicos de las diferentes culturas del país, con la producción y difusión de programas educativos plurilingües y en lenguaje alternativo para discapacitados.
PRINCIPIOS DE VERA-CIDAD Y RESPONSABI-LIDAD	II. La información y las opiniones emitidas a través de los medios de comunicación social deben respetar los principios de veracidad y responsabilidad. Estos principios se ejercerán mediante las normas de ética y de autorregulación de las organizaciones de periodistas y medios de comunicación y su ley.
PROHIBICIÓN DE MONO-POLIOS Y OLIGOPOLIOS	III. Los medios de comunicación social no podrán conformar, de manera directa o indirecta, monopolios u oligopolios.
MEDIOS DE COMUNICA-CIÓN COMUNITARIOS	IV. El Estado apoyará la creación de medios de comunicación comunitarios en igualdad de condiciones y oportunidades.

Fuente: elaboración propia

De la revisión que se hizo, los puntos más sobresalientes que contiene la NCPE en relación con el campo de la comunicación y la información, son los siguientes:

Idiomas: (oficialización de los 36 idiomas indígenas en Bolivia), el manejo de por lo menos un idioma indígena en el gobierno y en los departamentos.

Consulta: Como una forma de ejercicio democrático. Como derecho de los pueblos indígenas respecto a la explotación de los recursos naturales no renovables en el territorio que habitan y a toda la población boliviana sobre decisiones que pudieran afectar a la calidad del medio ambiente.

Diálogo: intracultural, intercultural y plurilingüe.

Telecomunicaciones: acceso a las telecomunicaciones como derecho fundamental de las personas

60

Libertad de expresión: acceso a la información y la privacidad de comunicación como derecho civil

Administración y creación: de medios de comunicación de las naciones indígenas

Lenguaje alternativo: de las personas con discapacidad

Derecho de los consumidores: a información fidedigna sobre los productos y servicios.

Incorporación de las NTIC: (nuevas tecnología de la información y la comunicación) como política del estado

Derecho a la información: no se restringe, incluso en estados de excepción.

Goce de inviolabilidad: de la comunicación e información de los Asambleístas.

Competencia privativa: del estado sobre las telecomunicaciones.

Obligación de dar información: al Procurador general del estado a requerimiento de servidores públicos y particulares

Conocimiento de dos idiomas: oficiales por parte de los servidores públicos

Obligación de guardar secreto: de información reservada por los servidores públicos

Obligación de dar información: al Defensor del pueblo por parte de autoridades y servidores públicos.

Obligación de dar información: al control social.

Acceso del ejecutivo a la información: del gasto presupuestado en el sector público (incluyen las FFAA y la Policía Nacional).

Desarrollo y promoción de información técnica: por parte del estado en materia de geología y minería.

61

Educación intracultural, intercultural y plurilingüe: en todo el sistema educativo.

Derecho: a la información y la comunicación.

Derecho: a la emisión de ideas por cualquier medio, sin censura previa.

Reconocimiento: de la cláusula de conciencia de los trabajadores de la información.

Promoción de valores: (ético, moral, cívico) por parte de las medios de comunicación social.

Principio de: veracidad y responsabilidad de los medios de comunicación social.

Prohibición de: monopolios a los medios de comunicación social.

Creación de: medios de comunicación comunitarios.

DERECHOS DE SEGUNDA Y CUARTA GENERACIÓN EN LA NCPE:

LA COMUNICACIÓN, INFORMACIÓN Y TECNOLOGÍAS DE LA INFORMACIÓN

4.1. Derechos de segunda y cuarta generación en la NCPE: La comunicación, información y tecnologías de la información

Desde la perspectiva de KarelVasaK (en Gonzales: 2010)[13] creador de la noción generacional de los derechos humano identificando tres generaciones que marchan de lo individualista a lo solidario.

4.1.1. Derechos de primera generación: derechos civiles y políticos:

Civiles: Derecho a la vida, integridad física y moral, dignidad, justicia, igualdad y libertad en sus diferentes manifestaciones individuales de pensamiento, conciencia, religión, opinión, expresión y movimiento. Políticos: derecho a participar en la organización estatal, elegir y ser elegido y agruparse políticamente.

4.1.2. Derechos de segunda generación: Derechos económicos, sociales y culturales

Derechos económicos: a la propiedad individual y colectiva, y seguridad económica; sociales: derechos a la alimentación, trabajo, seguridad social, salario justo y equitativo, descanso, sindicalización, huelga, salud, vivienda y educación y culturales: derechos a la participación en la actividad cultural, beneficiarse con la ciencia y tecnología, e investigación científica.

4.1.3. Derechos de tercera generación: derechos de la solidaridad

Derechos a la paz, desarrollo económico, libre determinación de los pueblos, medio ambiente sano, patrimonio cultural, justicia transnacional; derechos del consumidor, de los niños y de los ancianos. Estos derechos responden a problemas sociales como los discriminatorios (económicos, raciales, culturales, religiosos, etc. Y riesgos como la contaminación del medio ambiente.

---

13 Citado en Roberto González Álvarez. Aproximaciones a los derechos humanos de cuarta generación.

4.1.4. Derechos de cuarta generación:

Derecho al desarrollo sostenible; derechos Humanos en el ciberespacio: uso de internet, la privacidad del servicio en línea; democracia; derecho a la información y al pluralismo; derecho a las tecnologías de la información y comunicación, derecho la información de los efectos de la ingeniería genética.

A continuación, presentamos un cuadro comparativo de las constituciones de 1967 y del 2009; sobre los derechos que tienen que ver con la comunicación

CUADRO COMPARATIVO DE PROTECCIÓN DE DERECHOS COMUNICACIONALES EN LA CONSTITUCIÓN DE 1967 Y DE 2009

Cuadro Comparativo de protección de derechos comunicacionales en la Constitución de 1967 y de 2009		
	Constitución de 1967	**Constitución de 2009**
Derechos de primera generación *(Civiles y Políticos)*	**Artículo 7:** Toda persona tiene los siguientes derechos fundamentales: b) A emitir libremente sus ideas y opiniones por cualquier medio de difusión.	**Artículo 21:** Las bolivianas y bolivianos tienen los siguientes derechos fundamentales: 5. A expresar y difundir libremente pensamientos u opiniones por cualquier medio de comunicación, de forma oral, escrita o visual, individual o colectiva. 6. A acceder a la información, interpretarla, analizarla y comunicarla libremente, de manera individual o colectiva

Derechos de segunda generación (Económicos, Sociales y Culturales) Derechos de las personas con discapacidad Derechos de las naciones y pueblos indígena originario campesinos Derechos a la comunicación e información		Artículo 70: Toda persona con discapacidad goza de los siguientes derechos: 3. A la comunicación en lenguaje alternativo.
		Artículo 30, inciso II: Las naciones y pueblos indígena originario campesinos gozan de los siguientes derechos: 8. A crear y administrar sistemas, medios y redes de comunicación propios.
		Título II: Derecho Fundamentales y Garantías Capítulo séptimo: Comunicación social Artículo 106: I. El Estado garantiza el derecho a la comunicación y el derecho a la información. II. El Estado garantiza a las bolivianas y los bolivianos el derecho a la libertad de expresión, de opinión y de información, a la rectificación y a la réplica, y el derecho a emitir libremente las ideas por cualquier medio de difusión, sin censura previa. III. El Estado garantiza a las trabajadoras y los trabajadores de la prensa, la libertad de expresión, el derecho a la comunicación y a la información. IV. Se reconoce la cláusula de conciencia de los trabajadores de la información. Artículo 107: I. Los medios de comunicación social deberán contribuir a la promoción de los valores éticos, morales y cívicos de las diferentes culturas del país, con la producción y difusión de programas educativos plurilingües y en lenguaje alternativo para discapacitados. II. La información y las opiniones emitidas a través de los medios de comunicación social deben respetar los principios de veracidad y responsabilidad. Estos principios se ejercerán mediante las normas de ética y de autorregulación de las organizaciones de periodistas y medios de comunicación y su ley. III. Los medios de comunicación social no podrán conformar, de manera directa o indirecta, monopolios u oligopolios. IV. El Estado apoyará la creación de medios de comunicación comunitarios en igualdad de condiciones y oportunidades.
Derechos de cuarta generación (Derechos a las Tecnologías de Información y Comunicación)		Artículo 103: Ciencia, tecnología e investigación II. El Estado asumirá como política la implementación de estrategias para incorporar el conocimiento y aplicación de nuevas tecnologías de información y comunicación.

| Garantías constitucionales y jurisdiccionales

Acciones de Defensa | **Art. 23:** Habeas Data

I. Toda persona que creyere estar indebida o ilegalmente impedida de conocer, objetar u obtener la eliminación o rectificación de los datos registrados por cualquier medio físico, electrónico, magnético, informático en archivos o bancos, de datos públicos o privados que afecten su derecho fundamental a la intimidad y privacidad personal y familiar, a su imagen, honra y reputación reconocidos en esta Constitución, podrá interponer el recurso de Habeas Data.

IV. El recurso de Habeas Data no procederá para levantar el secreto en materia de prensa. | Art. 131: Acción de Protección de Privacidad

I. Toda persona individual o colectiva que crea estar indebida o ilegalmente impedida de conocer, objetar u obtener la eliminación o rectificación de los datos registrados por cualquier medio físico, electrónico, magnético o informático, en archivos o bancos de datos públicos o privados, o que afecten a su derecho fundamental a la intimidad y privacidad personal o familiar, o a su propia imagen, honra y reputación, podrá interponer la Acción de Protección de Privacidad.

II. La Acción de Protección de Privacidad no procederá para levantar el secreto en materia de prensa. |

Fuente: Rocha (2010)[14]

4.2. La Comunicación e Información en el Plan de Desarrollo Nacional

La constitución es, por su naturaleza, "principista", no es un conjunto de normas específicas. La nueva constitución política del estado plurinacional de Bolivia, deberá desarrollarse en un conjunto de políticas, estrategias, planes, proyectos, leyes, normas y decretos. Esta labor ya ha comenzado, a continuación analizaremos los avances en torno a la comunicación, lengua e información todos ellos componentes de la totalidad políticas de comunicación pública.

El PND aprobado por el Decreto Supremo N° 29272 de 12 de septiembre de 2007, tiene su premisa en un "Plan General de Desarrollo Económico y Social de la República: `Plan Nacional de Desarrollo: Bolivia Digna, Soberana, Productiva y Democrática para Vivir Bien - Lineamientos Estratégicos"[15]

---

14 Disponible en: www. Derechos Comunicacionales en la Nueva Constitución Política del Estado Plurinacional de Bolivia Verónica Rocha Fuentes, corresponsal de LatiCe en Bolivia

15 Sistema Legislativo Informático Boliviano www.bolivialegal.com.

Carlos Villegas Quiroga aclara en la introducción del documento que: "…el Plan Nacional de Desarrollo corresponde a los lineamientos estratégicos, por lo tanto, no incluye la totalidad de los proyectos que serán ejecutados el próximo quinquenio (algunos de ellos requieren ser validados territorialmente para su inclusión en la programación)" [16]

Debemos suponer que esta aclaración incluya a proyectos de comunicación e información, sin embargo, el plan (como veremos a continuación) incluye temas sobre políticas de comunicación y gestión pública, tecnología ylos servicios de telefonía y otros.

4.2.1. Políticas de Comunicación de Difusión de la Gestión Pública

En cuanto a la gestión pública, el PDN toma en cuenta aspectos que define la NCPE: Transparencia (información fidedigna, clara, evidente y sin ambigüedad), medición de medidas públicas, socialización de los resultados de la gestión pública:

GESTION PUBLICA Y TRANSPARENCIA

Propuesta de cambio

La medición del impacto político y social de las medidas gubernamentales será el insumo para la toma de decisiones en el Poder Ejecutivo. El Estado tendrá una política de comunicación que garantice la difusión de los resultados de la gestión pública, como instrumento de transparencia.

La transparencia en la gestión pública establecerá un diálogo honesto y responsable entre el Estado y la sociedad, y bajo el mandato legal existente coordinará .esfuerzos para construir acuerdos (corresponsabilidad) orientados a enriquecer y mejorar la ejecución de las políticas públicas.

Políticas y estrategias

iii) Medición e información del impacto de las medidas gubernamentales

Se propone fortalecer la eficiencia en la gestión pública y crear mecanismos de medición del impacto político y social de las medidas gubernamentales como

---

16 Ibídem

insumo para el proceso de toma de decisiones en el Poder Ejecutivo. La medición del impacto de las medidas gubernamentales servirá para integrar el nivel político con los niveles técnicos institucionales, garantizar el cumplimiento de los acuerdos con los movimientos sociales y sentar las bases para construir una política pública de información gubernamental.

Esta política se aplicará mediante la estrategia Implementación del sistema de medición e información del impacto de las medidas gubernamentales y el programa desarrollo de los instrumentos técnicos y metodológicos para evaluar e informar las medidas gubernamentales.

iv) Socialización de los resultados de la gestión pública

El Estado establece un mecanismo de comunicación para informar a la sociedad a los actores económicos y sociales que fortalecen la democracia, y a la vez retroalimenta las políticas públicas con el control y aporte de los mismos actores. Este enfoque integral de la comunicación hace énfasis en la constitución de la red.

Para su implementación se proponen tres estrategias:

a) Impulso, fortalecimiento y posicionamiento de un sistema de medios de comunicación estatal, que busca ampliar el efecto socializador de los resultados de la gestión pública mediante programas de posicionamiento de medios estatales de comunicación y mecanismos de difusión de la gestión pública nacional, departamental, regional y municipal,

b) Sistema de información estatal, que plantea consolidar niveles de coordinación y articulación de flujos informativos altamente, eficientes entre las reparticiones del Estado mediante el

programa fortalecimiento de la imagen gubernamental,

c) Generar escenarios alternativos de comunicación para consolidar formas de comunicación innovadoras que sean producidas por los diversos actores sociales y potenciados por el Estado a través del programa comunicación alternativa interactiva.

4.2.2. Telecomunicaciones, Participación y Acceso Irrestricto a la Información y el Conocimiento

Las características del plan en materia de comunicación tienen un fuerte componente técnico, es decir los planificadores entienden a la comunicación principalmente como medios y tecnología, por eso es que el tratamiento de este tema lo hacen en función del eje de las telecomunicaciones.[17]

> Bolivia tiene la mayor brecha digital de América Latina lo que muestra la exclusión a la que están sometidas las áreas rurales y urbano marginales, resultado del patrón de desarrollo colonialista aplicado en el país y de las políticas de las empresas transnacionales que se hicieron del control de las telecomunicaciones, al amparo de un sistema de regulación sectorial a favor de estas empresas transnacionales, que aún están vigentes. Las empresas pese a obtener grandes ganancias no contribuyeron a la expansión de la cobertura hacia áreas deprimidas por la ausencia de compromiso social.

> El acceso universal a la información, al conocimiento y a la comunicación como bienes públicos es responsabilidad del Estado, quien intervendrá soberanamente en todos aquellos espacios que son de interés social, para promover servicios públicos en condiciones de calidad, continuidad y accesibilidad económica para eliminar la marginación y la exclusión contribuyendo a la posibilidad de Vivir Bien.

> **Propuesta de cambio**

> Utilizar las telecomunicaciones como el medio esencial para una participación ciudadana mucho más activa en la democracia del país y el acceso irrestricto a la información y el conocimiento, en la apertura de mayores oportunidades de desarrollo económico y social sobre todo para los sectores sociales pobres y marginados, mediante la expansión substancial de la cobertura de los servicios.

> Recuperación del control y la soberanía en la conducción del sector por parte del Estado, generando un nuevo marco normativo de regulación sectorial, intensificando el control de los servicios y estableciendo condiciones para que las ganancias se reinviertan en el propio sector y beneficien al país en su conjunto; El Estado soberanamente promoverá servicios públicos en telecomunicaciones en

---

17 Ibídem

condiciones de calidad, continuidad y asequibilidad económica, implementando mecanismos para asegurar la sostenibilidad de los servicios.

Políticas y estrategias

i) Comunicaciones para el área rural y periurbana

Busca la integración a nivel nacional y mundial, eliminando la exclusión de grandes sectores pobres del país con la reducción de la brecha digital. Con la estrategia Reducción de las desigualdades de acceso a las telecomunicaciones, la población tendrá mayores posibilidades para comunicarse con el resto del país y del mundo, acceder a información y conocimiento para aprovechar de mejor manera los servicios de educación, salud y apoyo a la producción.

El programa Acceso y servicio universal en áreas de interés social permitirá la instalación de telecentros comunitarios, teléfonos públicos, servicio universal de telefonía, instalación de radiodifusoras comunitarias, respaldado con la aprobación de una normativa para garantizar este proceso.

Otro programa de esta política, garantizará la instalación de telefonía móvil celular, estaciones de radio y televisión en áreas rurales, y usos productivos y sociales con tecnologías de información y comunicación (TIC).

Una segunda estrategia de esta política Mejorar el servicio postal e incrementar su cobertura, para envíos de correspondencia personal hasta envíos de pequeñas muestras de productos para exportación. Para ello se cuenta con el programa de mejoramiento y expansión de los servicios postales, que contempla la expansión del servicio postal, seguridad postal, red de oficinas multiservicio, reingeniería de procesos, sistema de seguimiento y rastreo, establecimiento de costos y tarifas postales, entre otros.

ii) Conducción y control soberano de las telecomunicaciones

Tiene por objetivo lograr una mayor eficiencia, equidad y transparencia en los servicios públicos en beneficio de la sociedad. A partir de ella el Estado recuperará el control soberano y la conducción del sector de las telecomunicaciones, se reformará el modelo de regulación sectorial, se establecerán disposiciones que permitan el desarrollo de los mercados en condiciones de eficiencia y equidad a través de la generación de un nuevo marco normativo.

La propuesta cuenta con la estrategia Intensificar la supervisión y control del desarrollo de los servicios públicos de telecomunicaciones, para la preservación de la continuidad de estos servicios.

Para lograr esto se cuenta con el programa Reestructuración y articulación de las funciones regulatorias y normativas, que permitirá el rediseño del sistema de regulación y la elaboración de la normativa para la reestructuración de la función regulatoria. Mientras que, con el programa Continuidad de los servicios públicos de telecomunicaciones y de su expansión, se busca mejorar la supervisión a proveedores en situación de riesgo para garantizar la continuidad de los servicios, la promoción de nuevos operadores en áreas rurales y la elaboración de una normativa para este objetivo.

El programa Intensificación de la regulación de las actividades de telecomunicaciones busca la generación del nuevo régimen de control de la calidad de los servicios de telecomunicaciones, y el combate a las actividades ilegales de telecomunicaciones. A este se suma el programa Levantamiento y atención de las demandas de telecomunicaciones identificadas en las instituciones públicas.

Con la estrategia Mejorar las condiciones para alcanzar una libre y leal competencia, se busca: reforzar la participación proactiva del Estado para resolver las deficiencias y fallas de mercado, proteger y defender a los consumidores, con el programa de mejoramiento de la eficiencia en los mercados, así como la promoción y defensa de la competencia.

A este se suma el programa Intensificación de la protección y defensa de los consumidores, que busca la reducción de la asimetría de información para los usuarios; la expansión de la presencia física del organismo regulador al interior del país; y la generación de una normativa para mejorar la protección y defensa de los consumidores.

iii) Generación, difusión y control de contenidos en beneficio de la sociedad.

El Estado asumirá la responsabilidad social en la difusión de contenidos por radio y televisión, en la generación y difusión por Internet de contenidos locales para el desarrollo productivo, educativo y de salud, para evitar que se atener contra la dignidad humana y los derechos de la niñez, adolescencia y la mujer.

La propuesta tiene como estrategia Generación y difusión de contenidos en beneficio de la sociedad para el desarrollo productivo, educativo y de la salud, para ello se espera impulsar las tecnologías de información y comunicación incluyendo la conformación y difusión de sistemas científicos y tecnológicos que estén al servicio de los sectores que conforman la matriz productiva del país.

El programa que sustentará la propuesta es Implementación de la estrategia nacional de tecnologías de información y comunicación para el desarrollo de la sociedad del conocimiento, que busca contar con un Sistema Nacional de Información para el Desarrollo; la conectividad e infraestructura para el acceso, generación, emisión y recepción de la información; y la adecuación y desarrollo de la normativa para el uso de las TICs.

Una segunda estrategia de Responsabilidad social en la difusión de contenidos audiovisuales y redefinición de las concesiones en radiodifusión, tiene al programa control de contenidos audiovisuales y redefinición de concesiones en radiodifusión.

4.3. Relación de la CPE, PND, Leyes y Decretos en materia de Comunicación e Información.

¿Cuáles son las medidas, los proyectos, las leyes y normas sobre la base del la NCPE y el PND?

El siguiente cuadro es un resumen de la relación CPE, PND y normas Específicas que el estado ha implementado en materia de comunicación e información:

CPE	PND	LEYES	Decretos, NORMA
DERECHOS, DEBERES Y GARANTÍAS *Articulo 14, parágrafo II sobre la prohibición de toda forma de discriminación.*	iv) Reducir las brechas sociales-económicas, políticas y culturales por razón de género, generacional y personas con discapacidad. Consiste en la restitución de los derechos de la población más vulnerable en la perspectiva de establecer una cultura de igualdad y equidad respetando las diferencias que destierro toda forma de discriminación, marginación, exclusión y violencia que afecta a las mujeres, jóvenes, adolescentes, adultos mayores, niñas, niños y personas con capacidades diferentes. Se promoverá la creación de nuevas fuentes de trabajo o de actividades que generen ingresos económicos, éstas deberán estar ceñidas a los aspectos más sobresalientes que caracterizan a los sectores poblacionales marginados. Como también, se buscará eliminar las peores, formas de explotación laboral de niñas y niños, y de manera gradual eliminar definitivamente el trabajo infantil.	LEY Nº 045/2010 LEY CONTRA EL RACISMO Y TODA FORMA DE DISCRIMINACIÓN Artículo 6. (PREVENCIÓN Y EDUCACIÓN). III. En el ámbito de la comunicación, información y difusión. Artículo 16. (MEDIOS MASIVOS DE COMUNICACIÓN). Artículo 281 quater.- (Difusión e Incitación al Racismo o a la Discriminación). Articulo 281 octies.- (Insultos y otras agresiones verbales por motivos racistas o discriminatorios) II.	REGLAMENTO A LA LEY CONTRA EL RACISMO Y TODA FORMA DE DISCRIMINACIÓN

PRINCIPIOS, VALORES Y FINES DEL ESTADO Artículo 8 II. El Estado se sustenta en los valores de…transparencia,…, responsabilidad… PARTICIPACIÓN Y CONTROL SOCIAL Artículo 241 La participación y el control social implica: 5. Generar un manejo transparente de la información y del uso de los recursos en todos los espacios de la gestión pública. La información solicitada por el control social no podrá denegarse, y será entregada de manera completa, veraz, adecuada y oportuna.	Se busca establecer y ampliar el marco normativo de transparencia que permita la prevención, control social y sanción de la corrupción en el ámbito público y privado, con normas específicas que mejoren las normas vigentes en él país, regulando la conducta y los actos de los servidores públicos.	LEY N° 004 Ley de lucha contra la corrupción, Enriquecimiento ilícito e investigación de fortunas, Marcelo Quiroga Santa Cruz. Artículo 19. (Exención de Secreto o Confidencialidad). I, II. Artículo 20. (Exención de Secreto Bancario para Investigación de Delitos de Corrupción). I, II. Artículo 21. (Deber de Informar). Artículo 22. (Manejo de la Información). Artículo 23. (Sistema Integrado de Información Anticorrupción y de Recuperación de Bienes del Estado). SIIARBE	
DISTRIBUCIÓN DE COMPETENCIAS Artículo 298 competencias privativas del Estado 21. Régimen general de las telecomunicaciones	i) Comunicaciones para el área rural y periurbana El programa Acceso y servicio universal en áreas de interés social permitirá la instalación de telecentros comunitarios, teléfonos públicos, servicio universal de telefonía, instalación de radiodifusoras comunitarias, respaldado con la aprobación de una normativa para garantizar este proceso. Una segunda estrategia de Responsabilidad social en la difusión de contenidos audiovisuales y redefinición de las concesiones en radiodifusión, tiene al programa control de contenidos audiovisuales y redefinición de concesiones en radiodifusión.	LEY DE TELECOMUNICACIONES	Porcentajes: 33 estado, 33 privadas 34 comunitarias
PRINCIPIOS, VALORES Y FINES DEL ESTADO Artículo 9 diálogo intracultural, intercultural y plurilingüe	El cambio multidimensional desde la diversidad cultural La clave del desarrollo radica en suprimir la estructura de dominación cultural y de discriminación racial vigente e instituir una práctica de diálogo, cooperación, complementación, reciprocidad y entendimiento. De esta manera el crecimiento económico se concibe como el proceso de consolidación, fortalecimiento e interacción entre identidades, como la articulación de redes de intercambio e interculturalidad. i) Transformación del sistema educativo Esta política consiste en una transformación integral que abarque todos los niveles formativos; se llevará a cabo desde la sociedad en el marco de la democracia inclusiva y en la perspectiva de la articulación con la nueva matriz productiva; también desarrollará la interculturalidad socio comunitaria rescatando y promoviendo culturas ancestrales, para el proceso de reconstitución de las unidades socioculturales	LEY N° 070LEY DE LA EDUCACIÓN "AVELINO SIÑANI - ELIZARDO PÉREZ" CAPÍTULO III DIVERSIDAD SOCIOCULTURAL Y LINGÜÍSTICA Artículo 6. (Intraculturalidad e Interculturalidad).	

CIENCIA, TECNOLOGÍA E INVESTIGACIÓN Artículo 105 II. El Estado asumirá la implementación y aplicación de las nuevas tecnologías de la información y la comunicación	Otro programa de esta política, garantizará la instalación de telefonía móvil celular, estaciones de radio y televisión en áreas rurales, y usos productivos y sociales con tecnologías de información y comunicación (TIC).	NACIONALIZACIÓN DE ENTEL	DECRETO SUPREMO N° 29544 DECRETO DE 01 DE MAYO DE 2008 NACIONALIZACIÓN DEL PAQUETE ACCIONARIO QUE TIENE LA EMPRESA EURO TELECOM INTERNATIONAL NV EN LA EMPRESA ENTEL S.A.
DERECHOS FUNDAMENTALÍSIMOS			
DERECHOS CIVILES Artículo 21 5. …difundir libremente pensamientos u opiniones por cualquier medio de comunicación DERECHOS DE LAS NACIONES Y PUEBLOS INDÍGENA ORIGINARIO CAMPESINOS Artículo 30 8. A crear y administrar sistemas, medios y redes de comunicación propios			RED DE RADIOS INDÍGENAS
DERECHOS FUNDAMENTALÍSIMOS Artículo 20 I. I. Derecho al acceso de servicios…telecomunicaciones			REBAJA DE TARIFAS ENTEL
EDUCACIÓN SUPERIOR Artículo 91. II. La educación superior es intracultural, intercultural y plurilingüe, Artículo 97 II. Las universidades están obligadas a implementar programas para la recuperación, preservación, desarrollo, aprendizaje y divulgación de las diferentes lenguas de los pueblos.	El segundo, denominado Educación de calidad con equidad social, étnica, de género y generacional, tiene como orientación vincular el aprendizaje a las necesidades laborales, psicológicas, emocionales, procedimentales y de actitud para que esa población pueda integrarse a la sociedad en mejores condiciones. Para ello, el proceso de transformación de la educación superior promoverá la extensión de las universidades públicas al área rural, las cuales tendrán la misión de recuperar saberes y tecnologías de los pueblos originarios y el de promover el diálogo entre estos actores y otras culturas y la democracia participativa, comunitaria e inclusiva	LEY N° 070LEY DE LA EDUCACIÓN "AVELINO SIÑANI - ELIZARDO PÉREZ" CAPÍTULO III DIVERSIDAD SOCIOCULTURAL Y LINGÜÍSTICA Artículo 6. (Intraculturalidad e Interculturalidad). LEY AVELINO SIÑANI (CONCERNIENTE A LA EDUCACIÓN BILINGÜE E INTERCULTURAL)	REBAJA DE TARIFAS ENTEL
		LEY DE DESCOLONIZACIÓN	
BASES FUNDAMENTALES DEL ESTADO Artículo 5, parágrafo I. sobre la oficialización de los idiomas de las 36 naciones originarias del estado y parágrafo II sobre la utilización del gobierno plurinacional y departamentales de al menos dos idiomas oficiales		LEY DE DERECHOS LINGÜÍSTICOS (EN PROCESO)	

DERECHOS DE LAS PERSONAS CON DISCAPACIDAD Artículo 70 III. A la comunicación en lenguaje alternativo.	v) Solidaridad: Para lograr esta estrategia, se implementará el programa Solidaridad, que focalizará las intervenciones en forma inmediata, en tanto se vayan modificando las estructuras sociales y del Estado para el Vivir Bien Asimismo, se plantea luchar contra la violencia, fundamentalmente, en niñas menores de cinco años; el derecho a la integración de las personas con discapacidad.	LEY MOTO MÉNDEZ	REBAJA DE TARIFAS ENTEL
SERVIDORES PÚBLICOS Artículo 181 7. Para el desempeño de funciones públicas se requiere: conocer al menos dos idiomas oficiales del país.			

4.4. La NPCE y la acción comunicativa intercultural

Como se aprecia en los cuadros anteriores, la comunicación e información tienen presencia importante en la NCPE y PDN. No podría ser de otra manera porque la comunicación es considerada como agente de la interacción social. Este agente es posible normalizar (mediante leyes y normas) para establecer estructuras mentales, incluso para proyectar una sociedad intercultural.

Para Berger y Luckmann (en Igartua y Humanes, 2004:46), la construcción social de la realidad, es resultado de la *externalización* de pautas de acción (normas) que conduce a la institucionalización de la vida social.

Toda actividad humana se determina por los hábitos (repetición de actos iguales o semejantes, generando conducta instintiva). De tal forma los individuos evitan tener que tomar decisiones cada vez que ejecutan una actividad (eficiencia del factor tiempo).

Desde esa lógica, también se puede tomar en cuenta la teoría de Habermas (1999:21) quien plantea una teoría de la moral y del derecho por un universalismo altamente sensible a la diferencia. De esta forma *"El igual respeto de cada cual no comprende al similar, sino que abarca a la persona del otro o de los otros en su alteridad"*. La solidaridad del ciudadano para que se haga fraterno y responsable con el otro, como si fuera uno de "nosotros", juzgando al "nosotros" como una colectividad que se opone a todo lo fundamentalismo. Habermas (1999:23) plantea que la comunidad moral se debe construir sobre la eliminación de la discriminación y del sufrimiento y la incorporación de los marginados y de lo marginado. La comunidad no se construye a modo de colectivo que obligue a miembros clónicos a firmar su propio modo de ser pues la inclusión no adquiere el significado de incorporación en lo propio y exclusión de lo ajeno. Habermas en la "inclusión del otro" propone una comunidad abierta, con límites permeables para todos, incluso para aquellos que son extraños para los otros y desean seguir siendo ajenos a ellos.

Por otra parte Bordieu (en Igartua y Humanes, 2004:49) utiliza el concepto de *"habitus"* para explicar la relación dialéctica entre los procesos de construcción de la realidad social y las estructuras sociales. *El habitus como estructura mental permite a los individuos actuar socialmente. En el mundo social existen varios campos: cultural, económico, político y cada persona se ve obligada y a la vez es capaz de influir sobre él a través de las practicas que los sujetos desarrollan gracias a los esquemas mentales.*

Existen diversas acciones comunicativas (la comunicación cara cara, comunicación interpersonal y la comunicación mediática); la comunicación mediática se produce cuando los medios de comunicación como instituciones sociales asumen las tareas de producir y transmitir contenidos simbólicos. Esto contenidos no son neutros ni imparciales, responden a unos intereses privados o sociales, pueden ser intereses subyacentes o declarados. Lo que deseamos es que los medios institucionalizados respondan a un plan, a un proyecto declarado en la Constitución que busca el desarrollo mediante la acción comunicativa intercultural.

POLITICAS DE COMUNICACIÓN

5. Políticas de comunicación

¿Son necesarias las políticas de comunicación? Con esta pregunta comienza el acápite de "Las Políticas de Comunicación" en el *Informe Mc Bride* (Mc Bride y otros, 1980:169).

La respuesta de cada gobierno (y sociedad) va a depender de las actitudes, ideología, moda, ambiente político y una visión particular del mundo que tenga. A decir de varios críticos, las políticas de comunicación serán más o menos importantes según el tipo o naturaleza del gobierno de turno. Verbigracia, un gobierno dictatorial generará una política de comunicación que obvie la participación democrática de la ciudadanía (y medios) y el derecho a disentir, así mismo, un gobierno liberal, tendrá una política de comunicación contemplativa con los excesos de los medios de comunicación privados (un estilo *laissez-faire*). Un gobierno democrático y representativo, tendrá una política de comunicación democrática, pluralista, incluyente y esencialmente una política de comunicación para el desarrollo.

5.1. Definición de política nacional de comunicación

Tomemos en cuenta la definición de política nacional de comunicación, Luis Ramiro Beltrán[18] en Exeni (1998:33):

> Política nacional de comunicación es un conjunto integrado, explicito y duradero de políticas parciales de comunicación, armonizadas en un cuerpo coherente de principios y normas a guiar la conducta de las instituciones especializadas en el manejo del proceso general de comunicación en un país.

Si analizamos la definición de Beltrán, encontramos que la PNC, es:

Global: es decir totalidad sistémica con elementos interrelacionados e interdependientes entre sí.

Explícita: es decir debe ser manifiesta (texto), no puede ni debe suponerse.

Duradera: que tenga un alcance temporal prolongado.

---

18 Considerado el padre de las PNC

Principista y normativa: Es decir tiene naturaleza ética y jurídica. Por lo tanto debe traducirse en leyes y normas.

Sobre esta definición entrada a lo normativo, podemos agregar dos elementos que dan a la PNC un sentido que guía su esencia: desarrollo y representatividad.

5.2. Políticas nacionales de comunicación: desarrollo y representatividad

Es evidente que la comunicación por sí misma, no genera el desarrollo, pero tal cual señala McBride (1980:170), *no hay duda que la comunicación inadecuada frena el proceso de desarrollo e impide la participación popular.*

El debate de la comunicación y su relación con el desarrollo tiene como origen la influencia de la sociología cuando ésta toma en cuenta que los medios pueden ejercer cambios significativos en las urbes. Dentro ese estudio, hubo diferentes perspectivas sobre la estrategia de desarrollo que deberían acompañar los medios de comunicación masiva. En el proceso de las aplicaciones de modelos de desarrollo Fernández y Galguerra (2008:313), nos describen dos tipos: el modelo *desarrollista* y el *nuevo desarrollo:*

5.2.1. El modelo desarrollista

Este modelo aplicado en la década de los 60, tenía como parámetro para el desarrollo el indicador económico. Se creía que la tecnología era el centro del desarrollo y se consideraba a la comunicación en términos de transferencia de información en un solo sentido: de un organismo gubernamental al pueblo.

Los principales elementos del modelo de desarrollo eran:

- Industrialización
- Urbanización
- Tecnología de uso intensivo de capital
- Planificación gubernamental centralizada

- Enfoque hacia el crecimiento económico
- Insistencia en causas internas del subdesarrollo

Hacia la década de los 70, se evidencio el fracaso del modelo: ciudades pobladas por miles de inmigrantes campesinos pobres, elites privilegiadas, etc.

5.2.2. El llamado "nuevo desarrollo"

El llamado nuevo desarrollo, parte del concepto de que la influencia tecnología y económica de los E U y otros países desarrollados generan países rezagados. Este razonamiento es casi teleológico: *"existen países desarrollados porque hay países subdesarrollados"*.

Los siguientes temas son los elementos más comunes que toman en cuenta los países subdesarrollados bajo la premisa del nuevo modelo de desarrollo:

1. Igualdad: distribución equitativa de beneficios del desarrollo, ingreso, educación, información, etc.

2. Participación. La nueva teoría del desarrollo propugna que el principal agente del desarrollo es el pueblo en términos de planificación y ejecución. El gobierno no debe ser interventor absoluto, sino un generador de desarrollo.

3. Autodesarrollo. Definido como la autosuficiencia e independencia respecto del gobierno mediante el uso de recursos locales.

En el campo de la comunicación, se discutió el fenómeno llamado *brecha informativa* (Tichenor, Donahue y Olien, en Fernández y Galguerra, 2008:311), la brecha informativa consiste en que conforme aumenta la difusión de información dentro de un sistema social determinado, los segmentos de nivel socioeconómico alto tienden a adquirir dicha información en forma más rápida y a utilizarla mejor que en los sectores socioeconómicos bajos, con lo cual se crea una brecha d conocimiento creciente entre ambos sectores.

La respuesta para disminuir la brecha informativa la planteó Rogers (en Fernández y Galguerra: 2008:311) quien prepuso una serie de acciones que a continuación se expone:

a) preparar mensajes dirigidos a personas de nivel socioeconómico bajo, tomando en cuenta las variables sociales como: actitudes, hábitos, educación, etc.

b) Emplear canales de comunicación eficaces para llegar a las personas pobre, de tal forma que haya acceso libre de información sobre innovaciones.

c) Organizar a las personas en grupos para que conozcan recíprocamente las innovaciones y adaptar las mejoras.

d) trabajar con los líderes de opinión de grupos de bajos recursos para que ellos puedan activar las redes de información sobre una innovación.

e) Proporcionar a las personas los medios para participar en la planeación y ejecución de programas de difusión.

5.3. Recomendaciones del Informe McBride sobre las PNC

En la conferencia de la UNESCO, reunida en Nairobi en 1976, se formó una comisión presidia por Sean Mc Bride para realizar un diagnóstico a nivel mundial sobre los problemas relativos a la comunicación e información. La comisión conformada por un grupo de intelectuales de varios países, presentó su informe final en la XXI Sesión de la UNESCO (Belgrado, octubre de 1980), el informe fue titulado: "Un solo mundo, voces múltiples" (McBride y otros, 1980), más conocido como "El Informe Mc Bride", por el apellido del presidente de la comisión. Los países miembros que impulsaron la Comisión tenían la esperanza de que con este trabajo, se alcanzaría: "mayor justicia, mayor igualdad, mayor reciprocidad en el intercambio de información, menor dependencia en relación con las corrientes de comunicación, menor difusión de mensajes en sentido descendente, mayor autosuficiencia e identidad cultural y mayor número de ventajas para toda la humanidad" (Marques de Melo en Lozano, 2007:88).

A continuación, presentamos un resumen de las recomendaciones que hacen los miembros de la comisión McBride (1980:169-248), sobre la PNC que a nuestro criterio son las que se ajustan para nuestro país[19]:

Fortalecimiento de la independencia y la autoconfianza

- No debe considerarse a la comunicación como un servicio incidental y su desarrollo no debe dejarse al azar.

- Elaborar políticas idiomáticas, para el uso generalizado de la comunicación, educación y administración. También debe incluirse la adaptación, simplificación, estandarización de guiones, teclados, diccionarios, literatura, etc. en idiomas nativos.

- La eliminación del analfabetismo con la ayuda de los medios (radio, tv, etc.)

Fortalecimiento de capacidades:

- Establecer sistemas de comunicación y telecomunicación con adiestramiento y producción.

- Promover las agencia de noticias nacionales, periódicos urbanos y rurales.

- Producción nacional de libros, red de distribución de libros, revistas y periódicos,

- Desarrollar amplias redes nacionales de radios.

- Producción de materiales de radiodifusión, para eliminar la dependencia de fuentes externas, deberá incluirse centros de producción de películas, documentales.

- Instalaciones de educación y adiestramiento para el personal de medios informativos, administradores, técnicos y mantenimiento.

Necesidades básicas:

- El componente de la comunicación de todos los proyectos de desarrollo deberá recibir el financiamiento para la provisión de la información requerida para la acción en todos los campos de desarrollo: agricultura, salud y planeación familiar, educación, religión, industria, etcétera.

---

19 En el informe, se presentan por ejemplo recomendaciones relacionadas con el espionaje, la guerra fría, los países no alienados, etc., que no los estamos tomando en cuenta porque ciertamente son temas extemporáneos.

- Entre las necesidades de comunicación esenciales se encuentran los servicios postales básicos y las redes de telecomunicación mediante pequeños intercambios electrónicos rurales.

- El desarrollo de una prensa comunitaria en las áreas rurales y los pueblos pequeños como apoyo impreso que también facilitaría la producción de literatura para recién alfabetizados.

- La radio local, de sistemas de televisión y de videos baratos y de otras tecnologías, facilitaría la producción de programas para el desarrollo comunitario, la participación y oportunidades para la expresión cultural.

- Los sistemas educativos deben preparar a los jóvenes para las actividades de comunicación (cómo leer periódicos, evaluar los programas de radio y televisión, usar técnicas y aparatos audiovisuales elementales) permitirá que los jóvenes entiendan mejor la realidad.

- Las actividades educativas e informativas deberán apoyarse en diversas instalaciones que van desde bibliotecas ambulantes de libros, cintas y filmes, hasta la instrucción programada mediante "escuelas del aire".

Retos particulares

- Incrementar la oferta de papel. La escasez mundial de éste, incluido el de periódico, y su costo en ascenso, imponen cargas aplastantes a las revistas, los periódicos y la industria editorial, sobre todo en los países en desarrollo.

- Los aranceles impuestos a la transmisión de noticias, las tarifas de las telecomunicaciones y del correo aéreo para la transmisión de noticias, el transporte de periódicos, revistas, libros y materiales audiovisuales, constituyen uno de los obstáculos principales para una corriente de información libre y equilibrada. Esta situación debe corregirse. Los gobiernos debieran examinar las políticas y las prácticas de sus autoridades postales y telegráficas.

- El espectro electromagnético y la órbita geoestacionaria, ambos recursos naturales finitos, debieran compartirse más equitativamente como la propiedad común de la humanidad.

Integración de la comunicación al desarrollo:

- La promoción del desarrollo como un componente central de las políticas de comunicación y desarrollo.

- La ejecución de las políticas nacionales deberá realizarse mediante tres modelos de comunicación complementarios:

Primero, de los tomadores de decisiones hacia los diversos sectores sociales para transmitir información acerca de lo que consideran como cambios necesarios en las acciones de desarrollo.

Segundo, entre diversos sectores sociales y dentro de ellos, en una red horizontal de información para la expresión y el intercambio de opiniones sobre sus diferentes demandas.

Tercero, entre los tomadores de decisiones y los grupos sociales a través de mecanismos permanentes de participación con corrientes de información en ambos sentidos para establecer metas y necesidades del desarrollo y tomar decisiones.

- En la promoción de las políticas de comunicación deberá prestarse atención al uso de un lenguaje no técnico y de símbolos, imágenes y formas comprensibles que aseguren el entendimiento popular de los problemas y las metas del desarrollo.

Frente al desafío tecnológico

- Diseñar instrumentos para evaluar las implicaciones sociales, positivas y negativas, de la introducción de nuevas tecnologías de la comunicación.

- La creación de mecanismos nacionales para promover la discusión de las necesidades sociales en la adquisición de nuevas tecnologías de la comunicación.

- Se requieren fondos para apoyar la investigación tecnológica de adaptación. Esto podría ayudar a evitar los problemas de la obsolescencia y de la carencia de tipos particulares de equipo, refacciones y componentes que provengan de las naciones industriales.

- La concentración de la tecnología de las comunicaciones en países desarrollados y corporaciones transnacionales ha conducido a monopolios. Para contrarrestar estas tendencias se requieren medidas nacionales entre ellas la reforma de las leyes de patentes y las convenciones existentes, la legislación apropiada y los acuerdos internacionales.

Fortalecimiento de la identidad cultural

- El establecimiento de políticas culturales nacionales que promuevan la identidad cultural y la creatividad, y que incluyan los medios masivos en esas tareas.

- Las políticas culturales y de la comunicación deberán asegurar que los artistas creativos y grupos populares puedan hacerse oír por conducto de los medios masivos.

- La implantación de directrices respecto al contenido de la publicidad y los valores y actitudes que promueve, de acuerdo con las normas y prácticas nacionales y en los esfuerzos tendentes a preservar la identidad cultural. Podrían establecerse oficinas de quejas de los consumidores, para que el público pueda reaccionar contra la publicidad que considere poco apropiada.

Reducir la comercialización de la comunicación

- En los sistemas de comunicación en expansión deberá otorgarse la preferencia a las formas no comerciales de la comunicación informativa.

Acceso a la información técnica

- Los países deben prestar atención a: la correlación existente entre las políticas educativas, científicas y de comunicación; la creación de centros para la recopilación y la utilización de información y datos técnicos; la obtención del equipo básico necesario para las actividades esenciales de procesamiento de datos, y el desarrollo de habilidades e instalaciones adecuadas para el procesamiento y el análisis de datos mediante la percepción remota en la computadora.

- Los países en desarrollo deberán adoptar políticas nacionales de informática para: evaluar alternativas tecnológicas; alentar la producción nacional de materiales y promover la cooperación regional (en campos como la educación, salud y servicios a los consumidores).

La integridad profesional y las normas

Responsabilidad de los periodistas

- La importancia de la misión del periodista exige que se tomen medidas para fortalecer su posición en la sociedad. En muchos países no se considera a los periodistas como miembros de una profesión reconocida y así se les trata. Para superar esta situación, el periodismo debe elevar sus normas y su calidad para que en todas partes se le reconozca como una profesión genuina.

- Para que se les trate como profesionales, los periodistas requieren una amplia preparación educativa y un adiestramiento profesional específico. Deben elaborarse programas de instrucción, adiestramiento y actualización.

- Deberá trazarse una distinción entre las instituciones, los propietarios y los administradores de los medios por una parte, y los periodistas por la otra.

- El público tiene a su vez el derecho de llamarlos a cuentas por sus acciones. Entre los mecanismos diseñados están los consejos de prensa o de los medios informativos y la crítica grupal de los colegas.

- En todo el mundo existen códigos de ética profesional, adoptados voluntariamente. Para la adopción de códigos de ética de nivel nacional, es conveniente que tales códigos sean elaborados y adoptados por la propia profesión, sin interferencia gubernamental.

Protección a los periodistas

- Deben salvaguardarse la independencia y la integridad profesionales de todos los implicados en la recopilación y publicación de noticias, información y opiniones para el público. Sin embargo, la Comisión no propone privilegios especiales para la protección de los periodistas tas en cumplimiento de sus deberes, aunque el periodismo es a menudo una profesión peligrosa. Lejos de constituir una categoría especial, los periodistas son ciudadanos de sus respectivos países, con el mismo conjunto de derechos humanos que los demás ciudadanos. Hay una excepción en el Protocolo Adicional de la Convención de Ginebra del 12 de agosto de 1949, que se aplica sólo a los periodistas en misiones peligrosas, como ocurre en las áreas de conflicto armado.

- Los periodistas estarán plenamente protegidos sólo cuando se garanticen los derechos humanos de todos.

- Se deberá convocar a una serie de mesas redondas donde los periodistas, los ejecutivos de los medios de información, investigadores y los juristas puedan revisar periódicamente los problemas relacionados con la protección de los periodistas y proponer otras medidas apropiadas.

Democratización de la comunicación

Derechos humanos

- Todos los que trabajan en los medios de información deben contribuir a la realización de los derechos Humanos (en el espíritu de la Declaración de la UNESCO sobre los medios informativos, el Acta Final de Helsinki, y la Declaración Internacional de los Derechos Humanos).

- Los medios masivos deben contribuir a la causa justa de los pueblos que luchan por la libertad y la independencia y por su derecho a vivir en paz e igualdad sin interferencia extranjera. Esto es importante para los pueblos que luchan contra el colonialismo, la discriminación religiosa y racial.

- Las necesidades de la comunicación en una sociedad democrática deberán satisfacerse mediante la extensión de derechos específicos, tales como el derecho a ser informado, el derecho a informar, el derecho a la intimidad, el derecho a participar en la comunicación pública, elementos todos estos de un concepto nuevo: el derecho a comunicarse.

Eliminación de los obstáculos

- Adoptar medidas para el incremento de las fuentes de información que necesitan los ciudadanos en su vida diaria. Deberá emprenderse una revisión cuidadosa de las leyes y las regulaciones existentes a fin de reducir las limitaciones, las provisiones del secreto y otras restricciones en las prácticas de la información.

- Abolir la censura o el control arbitrario de la información. En las áreas con ciertas restricciones razonables, éstas deberán establecerse en la ley y de acuerdo con los principios de la Carta de las Naciones Unidas y la Declaración Universal de los Derechos del Hombre.

- Prestar atención a los obstáculos y restricciones derivadas de la concentración de la propiedad de los medios de información, públicos o privados.

- Deberán diseñarse medidas legales eficaces para:

a) Limitar el proceso de concentración y monopolización;

b) Circunscribir la acción de las transnacionales obligándolas a respetar las condiciones definidas por la legislación nacional.

Diversidad y elección

- Deberá asegurarse a las mujeres un acceso adecuado a los medios de comunicación y que los medios informativos o la publicidad no distorsionen las imágenes de las mismas.

- También merecen una consideración particular los intereses de niños y jóvenes, de las minorías nacionales, étnicas y religiosas y lingüísticas, de las personas que viven en áreas remotas, los ancianos y los inválidos. Estos grupos tienen necesidades de comunicación especiales.

Integración y participación

- Prestarse atención al uso de los medios informativos en ambientes de vida y de trabajo. En lugar de aislar a hombres y mujeres, los medios deberán ayudar a integrarlos.

- Quienes están a cargo de los medios deberán alentar a su auditorio a desempeñar un papel más activo en la comunicación, asignando mayor espacio o tiempo, a las opiniones del público o grupos sociales.

- Creación de medios de comunicación que conduzcan a formas nuevas de participación del público en la administración y modalidades para su financiamiento.

Socios en el desarrollo

- El otorgamiento de una preferencia igual a la cooperación internacional para el desarrollo de las comunicaciones en otros sectores (salud, agricultura, industria, ciencia, educación, etcétera), ya que la información es un recurso básico para el avance individual y colectivo y para el desarrollo global, mediante acuerdos gubernamentales bilaterales y por organismos internacionales y regionales, los que deberán planear en sus asignaciones un incremento considerable para la comunicación, las infraestructuras, el equipo y el desarrollo de programas.

- Los organismos técnicos que se ocupan de estas cuestiones deberán considerar cuidadosamente la estrecha relación existente entre el establecimiento de un nuevo orden económico internacional y el nuevo orden mundial de la información y la comunicación. Dentro del sistema de las Naciones Unidas deberán implantarse planes de acción concretos que conecten ambos procesos. Al aprobar la estrategia de desarrollo internacional, las Naciones Unidas deberán considerar el sector de las comunicaciones como uno de sus elementos integrantes y no sólo como un instrumento de la información pública.

Fortalecimiento de la autoconfianza colectiva

- La dimensión de la comunicación deberá incorporarse a los programas y acuerdos existentes para la cooperación económica entre los países en desarrollo.

- Deberá otorgarse gran primacía a la creación de bancos de datos regionales y subregionales, centros de procesamiento de información y centros de documentación especializados. Tales centros deberán concebirse. y organizarse, en términos de materiales y de administración, de acuerdo con las necesidades particulares de los países cooperadores.

- Deberán estimularse las medidas que promuevan los lazos y los acuerdos entre las organizaciones profesionales y los investigadores de la comunicación de diversos países. Hay necesidad de desarrollar redes de instituciones y personas que trabajen en el campo de la comunicación a fin de compartir e intercambiar experiencias y ejecutar proyectos conjuntos.

Desde nuestro punto de vista, no hay otro estudio que tenga alcance y profundidad además de participativo como el informe McBride. Desde luego que se hicieron otros estudios, como por ejemplo, la *Cumbre Mundial de la Sociedad de la Información*. Varios de estos informes no cuestionan el desequilibrio que sigue existiendo en las relaciones norte-sur ni plantean soluciones estructurales desde el campo político. Muchas de las recomendaciones que el Informe Mc Bride hizo en la década de los 80, son válidas en este nuevo siglo. Pero de todas ellas, hay algunas que merecen el beneficio de la redundancia porque van relacionadas directamente con las reformas que se están haciendo en el país:

- Elaborar políticas idiomáticas, para el uso generalizado de la comunicación, educación y administración.

- La eliminación del analfabetismo con la ayuda de los medios (radio, tv, etc.)

- Desarrollar amplias redes nacionales de radios.

- Incrementar la oferta de papel. La escasez mundial de éste, incluido el de periódico, y su costo en ascenso, imponen cargas aplastantes a las revistas, los periódicos y la industria editorial, sobre todo en los países en desarrollo.

- El establecimiento de políticas culturales nacionales que promuevan la identidad cultural y la creatividad, y que incluyan los medios masivos en esas tareas.

- Deberá trazarse una distinción entre las instituciones, los propietarios y los administradores de los medios por una parte, y los periodistas por la otra.

- Los medios masivos deben contribuir a la causa justa de los pueblos que luchan por la libertad y la independencia y por su derecho a vivir en paz e igualdad sin interferencia extranjera. Esto es importante para los pueblos que luchan contra el colonialismo, la discriminación religiosa y racial

- Limitar el proceso de concentración y monopolización

5.4. La Política Nacional de Comunicación en Bolivia: La NCPE como punto de partida

Para examinar la política nacional de comunicación en Bolivia, debemos partir necesariamente de su Constitución, considerando en particular, dos espacios que merecen la atención: autonomías y pluriculturalidad.

5.4.1. Competencias en los niveles de autonomía sobre telefonía fija, móvil y telecomunicaciones en el Estado Boliviano

Definición de competencia

Según la definición ubicada en el artículo 6, parágrafo 4; competencia es: "La titularidad de atribuciones ejercitables respecto de las materias determinadas por la Constitución Política del Estado y la ley. Una competencia puede ser privativa, exclusiva, concurrente o compartida, con las características establecidas en el Artículo 297 de la Constitución Política del Estado". A su vez, el artículo 297 de la CPE dice:

Artículo 297

I. Las competencias definidas en esta Constitución son:

a) Privativas, aquellas cuya legislación, reglamentación y ejecución no se transfiere ni delega, y están reservadas para el nivel central del Estado.

b) Exclusivas, aquellas en las que un nivel de gobierno tiene sobre una determinada materia las facultades legislativa, reglamentaria y ejecutiva, pudiendo transferir y delegar estas dos últimas.

c) Concurrentes, aquellas en las que la legislación corresponde al nivel central del Estado y los otros niveles ejercen simultáneamente las facultades reglamentaria y ejecutiva.

d) Compartidas, aquellas sujetas a una legislación básica de la Asamblea Legislativa Plurinacional cuya legislación de desarrollo corresponde a las entidades territoriales autónomas, de acuerdo a su característica y naturaleza. La reglamentación y ejecución corresponderá a las entidades territoriales autónomas.

Competencias exclusivas.

Nivel central de Estado

1. Formular y aprobar el régimen general y las políticas de comunicaciones y telecomunicaciones del país, incluyendo las frecuencias electromagnéticas, los servicios de telefonía fija y móvil, radiodifusión, acceso al internet y demás Tecnologías de Información y Comunicaciones (TIC).

2. Autorizar y fiscalizar los servicios de telefonía fija, móvil y todas las redes de telecomunicaciones y tecnologías de información con cobertura mayor a un departamento.

3. Regular los servicios de interconexión entre empresas que prestan servicios de telecomunicaciones (telefonía fija, móvil y otras) con alcance departamental y nacional.

4. Ejercer competencias de control y fiscalización en telecomunicaciones para todos los casos de servicios de telecomunicaciones y Tecnologías de Información y Comunicaciones (TIC) a nivel nacional.

5. Fijar los topes de precios cuando así corresponda para los servicios de telefonía fija, móvil, larga distancia, telecomunicaciones y tecnologías de información provistas en todo el territorio nacional, independientemente de su cobertura.

Competencias compartidas

1. Nivel central del Estado:

a) Una ley aprobada por la Asamblea Legislativa Plurinacional establecerá Sistema y modalidades de regulación de los servicios de telefonía fija, móvil, telecomunicaciones y demás Tecnologías de Información y Comunicaciones (TIC).

2. Gobiernos departamentales autónomos:

a) Formular y aprobar el régimen y las políticas departamentales de comunicaciones y telecomunicaciones, telefonía fija redes privadas y radiodifusión

b) Reglamentar los servicios de telefonía fija, redes privadas y radiodifusión con alcance departamental.

3. Gobiernos municipales autónomos:

a) Respetando el régimen general y las políticas sancionadas por el nivel central del Estado, los gobiernos municipales autorizarán la instalación de torres y soportes de antenas y las redes

4. Gobiernos indígena originario campesinos:

a) Los gobiernos de las autonomías indígena originario campesinas autorizan el funcionamiento de radios comunitarias en su jurisdicción conforme a las normas y políticas aprobadas por los niveles central del Estado.

Competencias concurrentes

1. Nivel central del Estado:

a) Administrar, autorizar y supervisar el uso de las frecuencias electromagnéticas en redes de telecomunicaciones, radiodifusión y otras, en el territorio nacional.

b) Supervisar el uso de frecuencias electromagnéticas de alcance internacional, conforme a los convenios e instrumentos internacionales suscritos por el país.

c) Elaborar y aprobar el Plan Nacional de Uso de Frecuencias Electromagnéticas.

2. Gobiernos departamentales autónomos:

a) Supervisar el uso de las frecuencias electromagnéticas de alcance departamental, de acuerdo al Plan Nacional de Frecuencias Electromagnéticas.

El siguiente cuadro, resume de acuerdo a la estructura administrativa de unidades territoriales, los tipos de competencias que considera la NCPE y la Ley Marco de Autonomías y Descentralización "Andrés Ibáñez" en materia de comunicación:

Niveles	Competencias exclusivas:	Competencias compartidas	Competencias concurrentes
Nivel central de Estado			
Gobiernos departamentales autónomos			
Gobiernos municipales autónomos			
Autonomía Indígena Originaria Campesina.			

Fuente: Elaboración propia de acuerdo a la Ley Marco de Autonomías A. I.

5.5. La descentralización de las PNC

La descentralización de las PNC planteada y sugerida a finales del siglo pasado por autores como José Luis Exeni, ahora están expresadas en las leyes del estado boliviano. Exeni[20] por ejemplo planteaba la descentralización administrativa de la PNC, pocos (en occidente) en ese tiempo pensaban que en el país se iba a dar también la descentralización política (es decir autonomías de gobierno) con las consecuentes influencias en el campo de la comunicación e información.

A decir de Exeni (1998:166), la premisa principal es *no pensar* en una PCN *unívoca*:

La premisa principal para "recolocar" el tema de las políticas comunicacionales es abandonar la idea de formular y aplicar *una* PNC, lo que implica también dejar de pensar el sujeto de las políticas en términos de consejos *nacionales* y su objeto-ámbito comunicativo –indiferenciados- como *sistema nacional* único y homogéneo. Se debe apuntar, más bien, al diseño y ejecución de *varias* políticas comunicacionales descentralizadas territorial y temáticamente; afinar la relación e interrelación como sujetos y objetos de planificación, de lo estatal, lo público y lo privado; y considerar diversos ámbitos comunicativos con especial atención al proceso de localización y su tensión con la transnacionalización.

---

20 J.L. Exeni, *Políticas de comunicación. Andares y señales para no renunciar a la utopía*, La Paz, Plural editores, 1998.

En la actualidad, resulta impensable plantear una política de comunicación univoca; la legislación que aspira una reforma que supere las secuelas de la asfixiante concentración de poder del antiguo Estado Republicano y la capacidad de eliminar de una vez y para siempre el centralismo secante, hace que replantemos en función de la CPE, incluso con una denominación de la PNC más adecuada para las nuevas estructura de gobierno de Bolivia.

5.6. Políticas de comunicación en un estado plurinacional

En el marco de la CPE, Bolivia es un Estado Plurinacional, democrático, intercultural, descentralizado y con autonomías; por ello es necesario revisar la nominación de Política Nacional de Comunicación y remplazarla por otra más adecuada.

De acuerdo con la naturaleza del estado, la política de comunicación en el país, vendría a llamarse Políticas Plurinacionales de Comunicación, entendiendo que (y recordando la definición de Beltrán) las políticas son globales, pero al mismo tiempo son totalidades que contienen elementos (diversos) que interactúan de manera interdependiente. Ponemos asignar a los diversos elementos constitutivos de las políticas, las estructuras de las unidades territoriales autónomas, además de naciones y pueblos originarios que componen el estado boliviano.

5.6.1. Temáticas de las políticas plurinacionales de comunicación

Sobre la base de la idea de Exeni (1998:139), proponemos algunos ejes temáticos para las PPNC:

Eje: Mecanismo contra el imperialismo cultural

El imperialismo cultural (Beltrán y Fox en Lozano, 2007:89) se da cuando: la cultura de un país central y dominante se impone unilateralmente sobre los países periféricos que éste domina a expensas de su integridad cultural.

El imperialismo cultural penetra sus contenidos a través de los medios masivos de comunicación y otras y tecnologías. El mecanismo natural, para nada fácil por su complejidad, es generar contenido propio desideologizante. Desde el enfoque critico, la comunicación debe considerarse dentro de un contexto amplio, que cuestione el poder político de los medios dentro de la ideología dominante.

Eje: idioma-cultura

Desde el enfoque culturalista, podemos partir de la premisa de que la comunicación debe emplearse para contribuir al sentimiento de nacionalidad específica.

Varias de las naciones latinoamericanas (Perú, Colombia, México entre otras) tienen mecanismos jurídicos que protegen las lenguas nativas desde su legislación. Sin embargo, no suelen tener reglamentos operativos que hagan una práctica real a lo declarado en las leyes y proyectos.

Desde el punto de vista histórico creemos que se ha avanzado mucho en términos de conciencia, investigación y práctica de los idiomas nativos. Bolivia está superando la estructura política basada en un estado monocultural a un estado pluricultural. En ese proceso el Estado debe consolidar políticas lingüistas que expresen un país pluralista y democrático. Una política lingüística específica podría fortalecer en los ciudadanos el acceso a la información y el conocimiento necesarios para rescatar, valorizar las lenguas originarias, el equilibrio cultural y la de integración.

La operacionalización del eje idioma, puede darse en ámbito públicos (Albó y Barrios, 2007:277) como el manejo bilingüe (de acuerdo a las características culturales de las unidades territoriales de gobierno) en espacios como:

* Oficinas públicas
* Administración de la justicia
* Servicios de salud
* Actos públicos
* Medios locales de comunicación

- Sistema educativo local
- Documentos oficiales
- Letreros y señalizaciones públicas

Eje: Desarrollo

La premisa del desarrollo que ostenta el estado es sin duda el desarrollo con identidad.[21] El desarrollo es otro eje que debe tomarse en cuenta en las políticas de comunicación. Hay un extenso apoyo teórico sobre la relación desarrollo y comunicación. El Plan de Desarrollo Nacional, tiene una concepción particular sobre el desarrollo que no es excluyente con el tema de comunicación e información:

> En un país multiétnico y pluricultural el desarrollo debe edificarse desde una lógica plurinacional de convivencia civilizatoria. La convivencia articula las diversas maneras de percibir, asumir, interpretar la vida, la sociedad, la naturaleza, la economía y el Estado.

> La nueva propuesta de desarrollo se basa en la concepción del Vivir Bien, propia de las culturas originarias e indígenas de Bolivia. A partir de los elementos comunitarios enraizados en pueblos indígenas, comunidades agrarias, nómadas y urbanas de las tierras bajas y altas, el Vivir Bien postula una visión cosmocéntrica que supera los contenidos etnocéntricos tradicionales del desarrollo.

Como puede verse, el concepto de desarrollo que maneja el PDN, pretende divorciarse del correspondiente occidental (etnocéntrico). La convivencia civilizatoria, no puede lograrse si no es con dispositivos comunicacionales.

---

21 La nueva propuesta de desarrollo plantea fortalecer los sistemas de publicación y difusión de información, y establecer mecanismos para el desarrollo, la comunicación del conocimiento, los saberes propios y autóctonos vinculados con los pueblos originarios y comunidades urbanas (PND:11)

Eje: democratización

Este eje está relacionado con lo que se indica en el PND,[22] pero también acá nos referimos a las autonomías que suponen *descentralización del poder*, es decir la democratización del poder y en consecuencia la democratización (descentralización) de las políticas de comunicación en contexto. Este aspecto es particularmente importante, pues viene reclamándose desde los movimientos del siglo pasado. Nos referimos a los estudios de la esfera de la comunicación en términos de inclusión y participación en las políticas y planes que antes sólo lo hacían un grupo de tecnócratas *macrocéfalos* del nivel central de gobierno.

Temas de las políticas plurinacionales de comunicación y participación de ministerios y entidades territoriales autónomas de gobierno

Temas de las Políticas Plurinacionales de Comunicación	Participación de los ministerios y Ent. Territoriales de gobierno			
	Ministerio de Comunicación	Ministerio de Educación	Ministerio de Culturas	Entidades territoriales autónomas de gobierno: nivel central, departamentos, municipios y Gobiernos indígenas
DEMOCRACIA				
IDIOMAS				
DESARROLLO				
MECANISMOS CONTRA EL IMPERIALISMO CULTURAL				
OTROS TEMAS				

Fuente: elaboración propia

Lo que estamos planteando en este cuadro, son algunos temas que

---

22 BOLIVIA DEMOCRÁTICA. Es la construcción de una sociedad y Estado plurinacional y socio - comunitario, donde el pueblo ejerce el poder social y comunitario y es corresponsable de las decisiones sobre su propio desarrollo y del país. Está constituido por los sectores orientados a lograr una mejor gestión gubernamental, transparencia y construir el poder social comunitario (PND: 1).

100

las PPNC no pueden en modo alguno soslayar. Para este cometido es importante la participación del nivel central de estado a través de al menos tres ministerios (ministerio de Comunicación, Educación y Culturas); y las responsabilidades compartidas de los gobiernos autónomos departamentales, municipales e indígenas. El ministerio de Comunicación tiene una participación directa para incluir en las políticas comunicacionales los temas mencionados en el cuadro y ser el eje articulador con los otros ministerios y las unidades territoriales autónomas de gobierno; por su parte el ministerio de educación tiene la tarea de coordinar con los otros dos ministerios, principalmente en el tratamiento del idioma y la formación descolonizadora de los bolivianos como un mecanismo contra el imperialismo cultural. Por su parte el ministerio de culturas, tal como dice en la constitución, *tiene como tarea de consolidar la interculturalidad para la cohesión y la convivencia armónica entre todos los pueblos y naciones. La interculturalidad tendrá lugar con respeto a las diferencias y en igualdad de condiciones* (artículo 98) y además *preservar, desarrollar, proteger y difundir las culturas existentes en el país.* Por lo tanto el ministerio del ramo deberá coordinar con el ministerio de comunicación para el efectivo cumplimiento de las funciones de las PPNC.

Estamos en un tiempo de construcción del Estado plurinacional, en un modelo único de cogobernabilidad y autonomía; si aspiramos un gobierno intercultural, entonces de hecho esta interculturalidad debe ser transversal a todas las políticas condicionadas a este principio: verbigracia: salud intercultural, educación intercultural y por su puesto *comunicación intercultural.* Del resultado de ese esfuerzo dependerá el afianzamiento del principio que asume la constitución: *vivir bien.*

IMPLICACIONES DE LOS DIVERSOS DECRETOS, REGLAMENTOS Y NORMAS CONCERNIENTES A LA INFORMACIÓN Y LA COMUNICACIÓN EN EL GOBIERNO DEL PRESIDENTE MORALES

6. Implicaciones de los diversos decretos, reglamentos y normas concernientes a la información y la comunicación en el gobierno del presidente Morales

En tanto que la comunicación y la información se constituyen, al presente, en actores fundamentales de las coyunturas y procesos políticos, económicos y sociales del país, resulta indefectible examinar las medidas tomadas por el gobierno en estos ámbitos, puesto que afectan directamente la relación del Estado con el sistema de medios, las tecnologías de la comunicación e información, la administración y la educación así como la sociedad civil.

En esta sección se intentará dar cuenta de las principales disposiciones implementadas en materia de comunicación e información bajo el gobierno de Evo Morales. Cuando se trata de normativas de carácter político que afectan a la población, resulta de suma relevancia examinar cuáles fueron dichas providencias.

Medidas:

- Nacionalización de ENTEL
- Rebaja de tarifas ENTEL
- Compra del Satélite Túpac Katari (2013)
- Ley de General de Telecomunicaciones, Tecnologías de Información y Comunicación
- Ley contra el Racismo y toda forma de Discriminación
- Ley de la Educación "Avelino Siñani – Elizardo **Pérez**" (concerniente a la Educación Bilingüe e Intercultural)
- Ley de Derechos Lingüísticos de los Pueblos Indígenas (en proceso)
- Creación del Ministerio de Comunicación
- Ley de Lucha Contra la Corrupción, Enriquecimiento Ilícito e Investigación de Fortunas "Marcelo Quiroga Santa Cruz"

6.1. Nacionalización de ENTEL

Algo de historia

El proceso de "*capitalización*" de ENTEL, fue algo penoso para todos los bolivianos, pues no había el pretexto de déficit empresarial; ENTEL era una de las empresas más rentables del país, por lo tanto no había argumento económico válido para capitalizarla (término que resultó un eufemismo, ya que en la práctica fue una privatización). En algunos países, la telecomunicación es un recurso estratégico y por lo tanto, es monopolizada por el estado o por lo menos se no se permite la supremacía del sector privado (nacional o extranjero). En realidad la capitalización de ENTEL fue una estafa y así lo explica el artículo de Bolpress que a continuación presentamos:

La capitalización del ENTEL: historia de una estafa

Viernes, 25 de noviembre de 2011

Redacción Bolpress

El 24 de noviembre de 1995, la sociedad EUROTELECOM INTERNATIONAL NV (ETI) adquirió el 50% de las acciones de la Empresa Nacional de Telecomunicaciones (ENTEL) en el marco del proceso de "capitalización" de seis compañías estratégicas del Estado boliviano impulsado por el gobierno de Gonzalo Sánchez de Lozada. Once años después se develó que el negocio fue una falacia de principio a fin, pues los supuestos capitalizadores no sólo que no invirtieron los 610 millones de dólares comprometidos en el Contrato de Suscripción de Acciones firmado con el entonces Ministerio Sin Cartera Responsable de Capitalización, sino que literalmente "descapitalizaron" a ENTEL con la complicidad de autoridades de turno y de pequeños grupos de poder económico estrechamente vinculados al capital transnacional.

El régimen de Sánchez de Lozada apeló a innumerables maniobras jurídicas para transferir las empresas estratégicas del Estado a la iniciativa privada, en cumplimiento de uno de los mandamientos centrales del credo neoliberal: el "achicamiento" del Estado. Imposibilitado de ejecutar una privatización directa debido a la oposición popular, los ideólogos de la capitalización diseñaron una especie de privatización por etapas, entregando a los "capitalizadores" extranjeros la mitad de las acciones de las principales empresas nacionales.

106

Para materializar la privatización de ENTEL, primero convirtieron a la empresa estatal en una sociedad de economía mixta. Se entregó a los trabajadores de la empresa (entendidos como particulares) el 3% de las acciones de la nueva sociedad a cambio de sus beneficios sociales y el Estado boliviano se quedó con el 97%. De esta forma, ENTEL se convirtió en una sociedad de economía mixta regida por el Código de Comercio.

Una vez que la empresa comenzó a regirse por el derecho privado y no por el derecho público, se sentaron las bases para la entrega de ENTEL a los privados a través del mal llamado proceso de "capitalización". Se transfirió el 50% del paquete accionario a ETIEUROTELECOM y el restante 50% se distribuyó entre los "bolivianos" beneficiarios de la capitalización y los trabajadores de la empresa. Los movimientos sociales se opusieron rotundamente a que el gobierno entregue el 51% de las acciones a los privados, pero ninguna empresa extranjera tendría interés en invertir en Bolivia si no se le aseguraba el control y manejo irrestricto. De manera tendenciosa, las autoridades nacionales aseguraron que los intereses estatales y privados se encontraban en equilibrio, aunque en los hechos ENTEL se convirtió en Sociedad Anónima sin participación alguna del Estado.

La fórmula de la "capitalización" resultó ser un engaño ya que en realidad el Estado no era titular del 50% del paquete accionario de ENTEL. El 3% de las acciones quedó en manos de los trabajadores y el 47% restante, por mandato del artículo 6 de la Ley de Capitalización, fue transferido a título gratuito a los ciudadanos bolivianos residentes en el país y que al 31 de diciembre de 1995 cumplieron la mayoridad de edad (21 años). Esta maniobra terminó por marginar definitivamente al Estado de la empresa capitalizada.[23]

---

23 Disponible en: www.bolpress.com/art.php?Cod=2008050211

Después de lo que pasó con ENTEL, lo natural es que el Estado debía actuar en consecuencia. El Estado no podía encubrir estas condiciones -de un estado marginado de su propia empresa- y tenía que poner *cartas sobre el asunto*. A pesar de las amenazas de los ejecutivos de Eurotelecom International NV (ETI), el gobierno de Evo Morales Ayma, consecuente con la NCPE[24] asume la tarea de recuperar ENTEL para el Estado Boliviano:

DECRETO SUPREMO N° 29087
DECRETO DE 28 DE MARZO DE 2007

CREA LA COMISIÓN AD HOC ENCARGADA DE LAS NEGOCIACIONES CON LA SOCIEDAD EURO TELECOM INTERNATIONAL N.V (ETI), A FIN DE RECUPERAR LA EMPRESA NACIONAL DE TELECOMUNICACIONES SOCIEDAD ANÓNIMA - ENTEL S.A. A FAVOR DEL ESTADO.

EVO MORALES AYMA

PRESIDENTE CONSTITUCIONAL DE LA REPÚBLICA

CONSIDERANDO:

Que la atribución 1ª del Artículo 96 de la Constitución Política del Estado establece que es atribución del Presidente de la República entre otras, ejecutar y hacer cumplir las leyes, expidiendo los decretos y órdenes convenientes, sin definir privativamente las restricciones consignadas en la Constitución.

Que los incisos a) y e) del Artículo 4 de la Ley N° 3351 de 21 de febrero de 2006. de Organización del Poder Ejecutivo, establecen que el Ministerio de la Presidencia, tiene la atribución de coordinar las acciones político – administrativas de la Presidencia, de la República con los Ministros de Estado, Prefecturas de Departamento, Municipios y comunidades; así también la de orientar, coordinar y supervisar acciones y políticas con los demás Ministros de Estado de acuerdo con la instrucción Presidencial.

---

24 La NCPE dice al respecto: CAPÍTULO TERCERO POLÍTICAS ECONÓMICAS: III. Las relaciones económicas con estados o empresas extranjeras se realizarán en condiciones de independencia, respeto mutuo y equidad. No se podrá otorgar a Estados o empresas extranjeras condiciones más beneficiosas que las establecidas para los bolivianos.
IV. El Estado es independiente en todas las decisiones de política económica interna, y no aceptará imposiciones ni condicionamientos sobre esta política por parte de estados, bancos o instituciones financieras bolivianas o extranjeras, entidades multilaterales ni empresas transnacionales

Que el inciso b) del Artículo 45 del Decreto Supremo N° 28631 de 8 de marzo de 2006, Reglamento a la Ley de Organización de Poder Ejecutivo, establece que el Viceministro de Coordinación Gubernamental, tiene la función de apoyar al Ministro en la coordinación de las acciones político – administrativas de la Presidencia de la República con los Ministerios.

Que el inciso a) y h) del Artículo 4 de la Ley N° 3351, establece que le Ministerio de Hacienda, tiene la atribución de formular, ejecutar y controlar la política fiscal nacional en materia de tesorería, crédito público, contabilidad integrada, elaboración y ejecución presupuestaria, política tributaria y arancelaria; así también la de coordinar con el Ministerio de Planificación del Desarrollo el seguimiento y evaluación a la estrategia nacional de desarrollo.

Que el inciso l) del Artículo 4 de la Ley N° 3351, establece que el Ministerio de Obras Públicas, Servicios y Vivienda, tiene la atribución de formular, ejecutar y evaluar políticas de telecomunicaciones.

Que el inciso a) del Artículo 69 del Decreto Supremo N° 28631, establece que el Viceministro de Telecomunicaciones, tiene la función de elaborar políticas en materia de telecomunicaciones, promoviendo el desarrollo integral del país.

Que dentro del marco del Plan Nacional de Desarrollo, la política sobre las empresas capitalizadas establece recuperar y ejercer el control de la gestión empresarial y la captura del excedente económico de las empresas capitalizadas a través del control accionario de las mismas, previo proceso de auditoría técnica y financiera de estas empresas con el objeto de establecer el valor real de su patrimonio neto.

Que, en uso de su facultades y atribuciones, la Superintendencia de Telecomunicaciones y el Ministerio de Obras Públicas, Servicios y Vivienda, llevaron adelante un proceso de revisión técnica, financiera y legal cuyo resultado muestra serios indicios de irregularidades en la administración y en las operaciones que afectan sus inversiones financiera y atentan la régimen impositivo nacional.

EN CONSEJO DE MINISTROS,

DECRETA:

ARTICULO 1.- (OBJETO). El presente Decreto Supremo tiene por objeto la creación de la Comisión Ad hoc encargada de las negociaciones con la sociedad EURO TELECOM INTERNACIONAL N,V, (ETI), a fin recuperar la Empresa

Nacional de Telecomunicaciones Sociedad Anónima – ENTEL S.A. a favor del Estado.

ARTICULO 2.- (MIEMBROS DE LA COMISIÓN). La Comisión Ad hoc se organizará de manera interna y estará integrada por los siguientes miembros:

a. Ministro de la Presidencia.

b. Ministro de Hacienda.

c. Ministro de Obras Públicas, Servicios y Vivienda.

d. Viceministerio de Coordinación Gubernamental.

e. Viceministerio de Telecomunicaciones.

ARTÍCULO 3.- (FUNCIONES). La Comisión Ad hoc tendrá las siguientes funciones:

a. Formular un Plan de negociación, con base en los estudios y análisis realizados sobre el particular por el Ministerio de Obras Públicas, Servicios y Vivienda y la Superintendencia de Telecomunicaciones.

b. Iniciar, sostener y concluir las negociaciones con los representantes de la sociedad EURO TELECOM INTERNATIONAL N.V. (ETI) o cualquier otra persona que corresponda, con el único fin de definir las condiciones para recuperar la Empresa Nacional de Telecomunicaciones Sociedad Anónima – ENTEL S.A. a favor del Estado.

c. Informar periódicamente al Presidente y Vicepresidente de la República del estado y curso de las negociaciones, así como presentar un informe final de los mismas con las recomendaciones a seguir.

ARTÍCULO 4.- (ATRIBUCIONES). La Comisión Ad hoc tendrá las siguientes atribuciones para el cumplimiento de sus funciones:

a. Acceso a la documentación e información que debe presentar ENTEL S.A. y que la Comisión considere decisiva para su función, con arreglo a las disposiciones legales.

b. Requerir la participación de autoridades y funcionarios públicos que la Comisión considere necesaria para el asesoramiento técnico – jurídico respectivo.

c. Requerir a las entidades públicas pertinentes, la documentación e información que la Comisión considere necesaria para su función, con arreglo a las disposiciones legales.

ARTÍCULO 5.- (PLAZO). El proceso de negociaciones debe concluir dentro de un plazo de treinta (30) días calendario, a partir de la ejecución y cumplimiento del presente Decreto Supremo.

Los Señores Ministros de Estado, en los despachos de la Presidencia y Obras Públicas, Servicios y Vivienda, quedan encargados de la ejecución y cumplimiento del presente Decreto Supremo.

Es dado en el Palacio de Gobierno de la ciudad de La Paz, a los veintiocho días del mes de marzo del año dos mil siete.

FDO. EVO MORALES AYMA, David Choquehuanca Céspedes, Juan Ramón Quintana Taborga, Alfredo Octavio Rada Vélez, Walker San Miguel Rodríguez, CelimaTorrico Rojas, Gabriel Loza Tellería, Luis Alberto Arce Catacora, Abel Mamani Marca, Celinda Sosa Lunda, Jerges Mercado Suárez, Susana Rivero Guzmán, Carlos Villegas Quiroga, Luis Alberto Echazú Alvarado, Walter Juvenal Delgadillo Terceros, Víctor Cáceres Rodriguez, Nila Heredia Miranda.

6.2. Rebaja de tarifas ENTEL

Luego de recuperar la Empresa Nacional de Telecomunicaciones Sociedad Anónima -ENTEL S.A- a favor del estado, en julio del 2008, el gobierno de Evo Morales, decretó la reducción de tarifas de prepago en un 17 y 22%:

Evo Morales rebaja tarifas en telefónica nacionalizada
La Paz. La Voz.com. | 18 julio de 2008

El presidente Evo Morales anunció una rebaja en las tarifas de telefonía móvil en la empresa que nacionalizó el pasado 1 de mayo a la italiana Euro Telecom Internacional (ETI).

El mandatario hizo el anuncio el jueves en la noche y aseguró que la medida busca ampliar los servicios a sectores de menores ingresos económicos.

La reducción en tarifas de prepago será entre 17 y 22% y beneficiará a 1,7 millones de clientes, dijo el interventor de la compañía Joel Flores.

111

Morales nacionalizó Entel después de infructuosas negociaciones con ETI que administraba la empresa como propietaria del 50% del paquete. La compañía fue parcialmente privatizada en 1996.

La telefónica italiana demandó al estado boliviano ante el Centro Internacional de Diferencias Relativas a Inversiones (CIADI) que depende el Banco Mundial (BM) y al que Bolivia renunció en octubre del año pasado.

Recientemente el ministro Responsable de la Defensa Legal de las Recuperaciones Estatales, Héctor Arce dijo que el CIADI no debería llevar adelante el arbitraje.[25]

6.3. Compra del satélite Túpac Katari

Aún con la recuperación de ENTEL, las tarifas de telefonía e internet en Bolivia, son las más altas del continente.

La medida tomada por el gobierno para tener nuestro propio satélite de comunicaciones (el que nos entregarán el 2013), es una de las más atinadas por dos razones: independencia y disminución de los costos de servicio. La adquisición del satélite significa el inicio de una revolución en campos tan variados como educación, administración, salud, etc. El satélite Túpac Katari de nueva generación, revolucionará el mundo de las comunicaciones y las relaciones económicas, sociales y comerciales de Bolivia. El ciudadano boliviano, a través de un computador podrá comunicarse con cualquier parte del mundo, usar multimedia, internet, televisión, cable, etc. a un costo reducido, hablar por celular tendrá un precio módico[26]. El Presidente Morales, suscribió el acuerdo de cooperación con China el 11 de octubre del 2011:

---

25 Disponible en: comunidad.wilkinsonpc.com.co/.../evo-morales-rebaja-tarifas-en-tele

26 Los satélites comerciales ofrecen una amplia gama de servicios de comunicaciones. Los programas de televisión se retransmiten internacionalmente, dando lugar al fenómeno conocido como aldea global. Los satélites también envían programas a sistemas de televisión por cable, así como a los hogares equipados con antenas parabólicas. Además, los terminales de muy pequeña apertura (VSAT) retransmiten señales digitales para un sinfín de servicios profesionales. Los satélites Intelsat llevan ahora 100.000 circuitos de telefonía, y utilizan cada vez más la transmisión digital. Los métodos de codificación digital han permitido reducir a una décima parte la frecuencia de transmisión necesaria para soportar un canal de voz, aumentando en consecuencia la capacidad de la tecnología existente y reduciendo el tamaño de las estaciones terrestres que proporcionan los servicios de telefonía. Microsoft ® Encarta ® 2009. © 1993-2008 Microsoft Corporation. Reservados todos los derechos.

Se reunirá con su par Hu Jintao

Evo define en China compra del satélite Túpac Katari
El presidente Morales anunció que el satélite permitirá comunicación para todos.

Página Siete / La Paz - 11/08/2011

Bolivia y China suscribieron ayer un acuerdo de cooperación espacial, para la construcción del Satélite Túpac Katari, en un acto celebrado en las oficinas de la Academia Espacial de Tecnología, en Beijing, según la agencia gubernamental ABI.

En el acto estuvo el presidente Evo Morales, acompañado por sus ministros de Planificación, Viviana Caro; Economía, Luis Arce; Comunicación, Iván Canelas y autoridades de la Embajada de Bolivia en China. Morales fue recibido por el viceministro delegado, Zhang KunSheng. En el edificio de la Agencia Nacional de Actividades Espaciales de China (CASC), el gerente general de CASC, MaXingrui, afirmó que ambos países comparten intereses comunes y calificó de "muy importante" la construcción del satélite Túpac Katari.

Recordó que la primera vez que se firmó el acuerdo, 13 de diciembre de 2010, en La Paz, marcó un hito porque Bolivia contará con un satélite de comunicaciones, dos estaciones terrestres y trasmisión de tecnología.

El presidente de la Academia Espacial de Tecnología (CAST), Yang Baohua, por su parte, sostuvo que su institución está especializada en todo tipo de equipos satelitales, y en esta oportunidad presta sumo interés al satélite boliviano. Asimismo, el director de la Agencia Boliviana Espacial, Iván Zambrana, quien firmó el acuerdo en representación del Gobierno de Bolivia, aseguró que el convenio de cooperación bilateral posibilitará un trabajo con mayor celeridad, en beneficio de ambos países.

Por su parte, la ministra Caro sostuvo que uno de los objetivos no sólo de la construcción del satélite, sino del acuerdo suscrito, es lograr un gran salto tecnológico y un mayor desarrollo de la comunicación e información. También habló el director ejecutivo del comité de cooperación internacional, Hu Yafeng, quien afirmó que se abre un nuevo capítulo en la cooperación espacial de ambos países, sobre todo por la trasmisión de conocimientos.

El presidente Morales dijo que la construcción y puesta en órbita del satélite posibilitará que los sectores más olvidados tengan acceso a la comunicación.

113

Recordó que el proyecto se inició hace dos años, cuando se reunió con el presidente de China.

6.4. Ley General de Telecomunicaciones, Tecnologías de Información y Comunicación

El estado plurinacional de Bolivia, promulgó la norma jurídica de la Ley General de Telecomunicaciones, Tecnologías de Información y Comunicación, en donde delimita la distribución del espacio electromagnético en un 33 por ciento para el Estado, 33 por ciento para privados, 17 por ciento para medios comunitarios y 17 por ciento para medios indígenas. El principio básico de la nueva ley, se rige bajo la filosofía de que es el pueblo el dueño del espacio aéreo, incluyendo el espectro magnético[27]

La sorprendente Ley de Telecomunicaciones de Bolivia

Fuente: Radialistas Apasionados

Tenía que ser Bolivia. El país pionero de la comunicación popular, el país donde se levantó la primera radio sindical y minera en 1947, levanta ahora una ley sorprendente que da a cada quien lo que corresponde.

---

27 **¿Qué es el espectro radioeléctrico?**Un medio por el cual podemos transportar información a través de ondas de radio. ¿Qué tipo de información? Voz, datos, imágenes, sonidos, etc. Hace posible la comunicación desde nuestros celulares y teléfonos inalámbricos, que podamos ver televisión, comunicarnos vía satélite y que funcionen algunos de nuestros controles remotos, etc. Una de las principales características es que se trata de un medio finito. Y por «finito» entendemos que una vez ocupada una frecuencia específica por una persona, ésta no puede ser utilizada por otra y que existen una cantidad limitada de bandas de frecuencias que pueden ser empleadas. Por ser finito, éste medio se convierte en un bien valioso que debe ser administrado y controlado por el Estado, garantizando la seguridad en las comunicaciones. Así, este medio no se diferencia de cualquier otro recurso natural como lo son la tierra, el petróleo, el aire, el agua y los bosques. Técnicamente, el «espectro electromagnético» es la energía electromagnética que se traslada en forma de campos eléctricos y magnéticos oscilantes y ortogonales. Por otra parte, llamamos «frecuencia» al nivel de oscilaciones de ondas que varían en el tiempo, y se mide en unidades de ciclos por segundo, o hertzios. Existe una tabla de distribución de frecuencias donde se establecen los diferentes servicios de comunicaciones, por ejemplo la telefonía celular, los canales de televisión, las radios AM y FM, los enlaces de microondas, las transmisiones satelitales, los sistemas de aeronavegación, los sistemas de comunicaciones de las fuerzas armadas, etc. Por otra parte, para cada tipo de transmisión hacen falta diferentes anchos de bandas de frecuencias (distintos anchos de ocupación espectral).www.inti.gov.ar/sabercomo/inti-03-04/inti12.php

La nueva Ley General de Telecomunicaciones, Tecnologías de Información y Comunicación, recientemente aprobada por la Asamblea del Estado Plurinacional de Bolivia, distribuye así las frecuencias de radio y televisión:

▶Para el sector público-estatal, el 33 por ciento.
▶Para el sector privado-comercial, el 33 por ciento.
▶ Para el sector social-comunitario, el 34 por ciento.

Cuando leímos esta Ley, nos pellizcamos para saber si estábamos soñando o despiertos.

Y después, comenzamos a celebrar esta enorme conquista en la difícil tarea de democratizar las comunicaciones.

Porque si las frecuencias de radio y televisión son un bien público, si pertenecen a la sociedad en su conjunto, ¿con qué derecho han sido monopolizadas y mercantilizadas por el sector privado? En Bolivia, como en la inmensa mayoría de los países latinoamericanos y caribeños, la empresa privada con fines de lucro acapara más del 90 por ciento de estas frecuencias (¡a veces, el 99 por ciento!).

Si hay tres sectores (el público, el privado y el comunitario) justo es que dichas frecuencias se distribuyan equitativamente entre los tres. La Asamblea de Bolivia, con audacia, reserva para el tercer sector el 34 por ciento, dividiendo éste en 17 para las organizaciones sociales y comunitarias y el otro 17 para los pueblos y nacionalidades indígenas que en este país hermano son una gran mayoría de la población.

Ya la empresa privada boliviana está chillando porque dicen que con esta distribución "se viola la libertad de expresión". Ninguna violación. La verdadera violación es el monopolio de las frecuencias instalado desde hace décadas en nuestros países.

¿Que las frecuencias en manos del Estado pueden volverse gubernamentales y no verdaderamente públicas? Desde luego, es un gran peligro. Pero también las frecuencias en manos privadas pueden olvidar su responsabilidad social y defender intereses de políticos corruptos. Y esto no es un peligro, sino una triste realidad en muchos medios de comunicación que por ganar dinero pierden sus valores éticos.

Felicitamos al gobierno de Bolivia, a las organizaciones indígenas y sociales, a ERBOL, a las redes de mujeres, a todos los comunicadores y comunicadoras que han luchado desde hace años para lograr una ley como ésta que pone las cosas en su sitio. Una ley democrática y democratizadora.

Y deseamos que los asambleístas de Ecuador, de Paraguay, de México, de Guatemala, de otros países de la región latinoamericana donde se están discutiendo leyes de comunicación, tomen ejemplo del Estado Plurinacional de Bolivia[28].

¡Jallalla, Bolivia!

Equipo RADIALISTAS

6.5. Ley contra el Racismo y toda forma de Discriminación

Desde una lógica efectiva, un estado con pretensiones interculturales, no puede ignorar el apoyo de un sustento normativo como la ley para poder desarrollar sus principios y objetivos. Aun cuando algunos analistas creen que la Ley contra el Racismo y toda forma de Discriminación fue hecha por causa de algunos hechos aislados, como el suceso de campesinos humillados en Sucre[29], la Ley es una consecuencia ineludible de la normatividad de relaciones interculturales.

Esta Ley fue promulgada por el presidente Evo Morales el 8 de octubre del 2010. La Ley comprende sanciones a todo tipo de discriminación:

Artículo 5. (DEFINICIONES). Para efectos de aplicación e interpretación de la presente Ley, se adoptan las siguientes definiciones:

---

28 Disponible en: www.radialistas.net

29 Según Archondo (2011), Una génesis corta de la Ley contra el Racismo y toda forma de Discriminación podría comenzar el 24 de mayo de 2010. Aquel día se conmemoraba el primer aniversario de los vejámenes perpetrados contra un grupo de campesinos en la ciudad de Sucre en ocasión de la visita del Presidente a esa ciudad. Como se recordará, en 2009, bajo la fuerte polarización política que se vivía en el país, el movimiento cívico sucrense, organizado en torno al llamado Comité Interinstitucional, consiguió impedir el arribo de Evo Morales a la capital. Ante la fuerte movilización opositora, los campesinos que habían ido a recibir al primer mandatario al estadio *Patria*, cercado en ese momento, se dispersaron y se disponían a volver a sus poblaciones de origen, cuando fueron capturados en las afueras de la ciudad por los cívicos movilizados, la mayoría, jóvenes. Algunos lograron huir, pero aquellos que fueron atrapados, tuvieron que pasar por varias humillaciones en la plaza principal, adonde se los obligó a asistir a un acto público, en el que fueron obligados a permanecer arrodillados, semi desnudos, mientras se quemaban sus banderas y se cantaba el himno a Chuquisaca. Varios de ellos fueron golpeados y obligados a gritar consignas contra el gobierno. Los abusos quedaron registrados en varias cámaras y sirvieron luego para elaborar documentales y denuncias.

a) Discriminación. Se define como "discriminación" a toda forma de distinción, exclusión, restricción o preferencia fundada en razón de sexo, color, edad, orientación sexual e identidad de géneros, origen, cultura, nacionalidad, ciudadanía, idioma, credo religioso, ideología, filiación política o filosófica, estado civil, condición económica, social o de salud, profesión, ocupación u oficio, grado de instrucción, capacidades diferentes y/o discapacidad física, intelectual o sensorial, estado de embarazo, procedencia, apariencia física, vestimenta, apellido u otras que tengan por objetivo o resultado anular o menoscabar el reconocimiento, goce o ejercicio, en condiciones de igualdad, de derechos humanos y libertades fundamentales reconocidos por la Constitución Política del Estado y el derecho internacional. No se considerará discriminación a las medidas de acción afirmativa.

b) Discriminación Racial. Se entiende por "discriminación racial" a toda distinción, exclusión, restricción o preferencia basada en motivos de raza o por el color, ascendencia u origen nacional o étnico que tenga por objeto o por resultado anular o menoscabar, directa o indirectamente el reconocimiento, goce o ejercicio, en condiciones de igualdad, de los derechos humanos y libertades fundamentales reconocidos en la Constitución Política del Estado y las normas internacionales de Derechos Humanos, en las esferas política, económica, social, cultural o en cualquier otra esfera de la vida pública y/o privada.

6.5.1. Implicaciones de la Ley contra el Racismo y toda forma de Discriminación en la Comunicación y la Información

En cuanto al papel de los medios masivos de difusión, así como sus implicaciones, la ley define lo siguiente:

III. En el ámbito de la comunicación, información y difusión.

a) El Estado deberá promover la producción y difusión de datos estadísticos, sobre racismo y toda forma de discriminación con el fin de eliminar las desigualdades sociales.

b) Promover la realización de investigaciones y estudios cuantitativos y cualitativos, sobre el racismo y toda forma de discriminación, así como los efectos de éstos fenómenos sobre sus víctimas, con el fin de definir políticas y programas encaminados a combatirlos.

c) Los medios de comunicación públicos y privados deberán proveerse de mecanismos internos que garanticen la eliminación del racismo y toda forma de discriminación, en relación a su responsabilidad de generar opinión pública conforme a la Constitución Política del Estado.

d) Disponer que los medios de comunicación, radiales, televisivos, escritos y las nuevas tecnologías de la información y comunicación, como el internet, eliminen de sus programaciones, lenguajes, expresiones y manifestaciones racistas, xenófobas y otros de contenido discriminatorio.

e) Difundir el contenido de la presente Ley; los instrumentos nacionales e internacionales contra el racismo y toda forma de discriminación; y las políticas públicas relacionadas con el tema.

f) Los medios de comunicación deberán apoyar las medidas y acciones en contra del racismo y toda forma de discriminación.

Artículo 16. (MEDIOS MASIVOS DE COMUNICACIÓN). El medio de comunicación que autorizare y publicare ideas racistas y discriminatorias será pasible de sanciones económicas y de suspensión de licencia de funcionamiento, sujeto a reglamentación.

Artículo 281 quater.- (Difusión e Incitación al Racismo o a la Discriminación).

La persona que por cualquier medio difunda ideas basadas en la superioridad o en el odio racial, o que promuevan y/o justifiquen el racismo o toda forma de discriminación, por los motivos descritos en los Artículos 281 bis y 281 ter., o incite a la violencia, o a la persecución, de personas o grupos de personas, fundados en motivos racistas o discriminatorios, será sancionado con la pena privativa de libertad de uno a cinco años.

I. La sanción será agravada en un tercio del mínimo y en una mitad del máximo, cuando el hecho sea cometido por un servidora o servidor, o autoridad pública.

II. Cuando el hecho sea cometido por una trabajadora o un trabajador de un medio de comunicación social, o propietario del mismo, no podrá alegarse inmunidad ni fuero alguno.

118

COMUNICACIÓN, INFORMACIÓN Y DIFUSIÓN

ARTÍCULO 12.- (AUTORIDAD COMPETENTE). El Ministerio de Obras Públicas, Servicios y Vivienda es la instancia competente para implementar políticas de prevención en los ámbitos de comunicación, información y difusión en coordinación con la Autoridad de Fiscalización y Control Social de Transporte y Telecomunicaciones – ATT, en el marco de sus competencias.

ARTÍCULO 13.- (OBLIGACIONES DE LOS MEDIOS DE COMUNICACIÓN). Son obligaciones de los medios de comunicación:

Adoptar o readecuar sus Reglamentos Internos, incorporando principios orientados a impulsar el reconocimiento, el respeto de las diferencias y la promoción de principios, valores y normas para erradicar conductas racistas y toda forma de discriminación, conforme a la Ley N° 045.

Promover las acciones de prevención y educación destinadas a precautelar el respeto a la dignidad e igualdad de todas las personas, mediante la elaboración de productos comunicacionales propios, en idiomas oficiales y alternativos de acuerdo a la región y audiencia, que serán difundidos bajo los siguientes parámetros:

En canales de televisión: al menos veinte (20) minutos al mes, en horarios preferenciales.

En radioemisoras: al menos cuarenta (40) minutos al mes, en horarios preferenciales.

En diarios y semanarios: al menos una (1) página al mes, y en revistas: media página al mes; en espacios preferenciales para ambos casos.

En periódicos digitales en internet, un (1) espacio al mes.

Enviar semestralmente un informe de dichos productos comunicacionales difundidos al Comité Nacional contra el Racismo y Toda Forma de Discriminación; el que a su vez verificará el contenido de los mismos.

En caso de incumplimiento de lo establecido en el numeral 3 precedente se aplicarán las sanciones previstas en el Artículo 17 del presente Decreto Supremo.

CAPÍTULO II

FALTAS Y SANCIONES EN LOS MEDIOS DE COMUNICACIÓN

ARTÍCULO 16.- (DE LAS FALTAS). Se consideran faltas de los medios de comunicación cualquiera sea su naturaleza la autorización de la difusión y publicación de ideas racistas y discriminatorias, que se traducen en las siguientes:

Expresiones deliberadas y sistemáticas, consistentes en manifestaciones verbales o escritas, con el propósito de dañar la dignidad de determinada persona o grupo por motivos racistas o discriminatorios.

Difusión sistemática de mensajes con contenidos racistas o discriminatorios, en propagandas, espacios pagados, avisos solicitados y publicidad, que inciten al odio, desprecio, violencia o persecución de una determinada persona o grupos de personas.

Defensa o elogio de los actos de racismo o discriminación con el fin de justificar el odio, la violencia o la persecución de determinada persona o grupo.

ARTÍCULO 17.- (SANCIONES). Las sanciones previstas para los medios de comunicación son las siguientes:

Sanciones de primer grado.- Serán sancionados con diez (10) a ciento cincuenta (150) días multa, los medios de comunicación que hayan incurrido en las conductas de los numerales 1, 2o 3 del Artículo 16 del presente Decreto Supremo, por primera vez.

Sanciones de segundo grado.- Serán sancionados con ciento cincuenta y uno (151) a trescientos (300) días multa, los medios de comunicación que hayan incurrido en las conductas de los numerales 1, 2 o 3 del Artículo 16 del presente Decreto Supremo, por segunda vez.

Sanciones de tercer grado.- Serán sancionados con inhabilitación temporal de funcionamiento de ciento cincuenta (150) a trescientos sesenta (360) días calendario, los medios de comunicación que hayan incurrido en las conductas de los numerales 1, 2 o 3 del Artículo 16del presente Decreto Supremo, por tercera vez. En las posteriores reincidencias se aplicará directamente la máxima sanción establecida en el presente numeral.

ARTÍCULO 18.- (DAÑOS, PERJUICIOS Y CUMPLIMIENTO DE OBLIGACIONES).

I. Independientemente de la sanción administrativa impuesta, el medio de comunicación cubrirá el resarcimiento de los daños y perjuicios que pudiera haber ocasionado, que serán determinados judicialmente.

II. Se salva el derecho de repetición del medio de comunicación.

III. La aplicación de sanciones no exime a los medios de comunicación de la responsabilidad de cumplir con sus obligaciones laborales.

ARTÍCULO 19.- (INICIO DIRECTO DEL PROCEDIMIENTO SANCIONATORIO). La ATT iniciará directamente el procedimiento sancionatorio, sin necesidad de intimación previa, cuando los medios de comunicación incurran en las faltas descritas en el Artículo 16 del presente Decreto Supremo.

Articulo 281 octies.- (Insultos y otras agresiones verbales por motivos racistas o discriminatorios)

El que por cualquier medio realizare insultos u otras agresiones verbales, por motivos racistas o discriminatorios descritos en los Artículos 281 bis y 281 ter, incurrirá en prestación de trabajo de cuarenta días a dieciocho meses y multa de cuarenta a ciento cincuenta días.

I. Si este delito fuera cometido mediante impreso, manuscrito o a través de medios de comunicación, la pena será agravada en un tercio el mínimo y en un medio el máximo.

II. Si la persona sindicada de este delito se retractare, antes o a tiempo de la imputación formal, la acción penal quedará extinguida. No se admitirá una segunda retractación sobre el mismo hecho

III. La retractación deberá realizarse por el mismo medio, en iguales condiciones y alcance por el cual se realizó el insulto o la agresión verbal, asumiendo los costos que ello implique.

Como se menciona en los análisis sobre la ética periodística, la regulación y la autorregulación; algunos analistas del periodismo creen que *"la vaca más sagrada de la prensa es la prensa misma"*. Esta *"intocable vaca sagrada"*, está concentrada en fuertes grupos

121

corporativos que pagan los salarios de periodistas que están poco dispuestos a cualquier discusión sobre ética y conducta discriminatoria de los dueños de los medios.

La protesta que se hizo contra la ley y que algunos la denominaron *ley mordaza*, se hizo principalmente contra los artículos 16 y 23 porque ellos consideraron que eran atentatorios de *la libre expresión*. Esta *cuasi kafkiana* situación de protesta contra una ley que incluso la ONU aprobó, no pudo sostenerse ni con huelga de hambre de algunos periodistas y empresarios ni con la campaña del millón de firmas que los detractores decían iban a conseguir.

Sobre las susodichas firmas, Archondo[30] nos relata lo siguiente:

> El 1 de diciembre, las entidades del periodismo entregan a la Vicepresidencia 32 mil firmas recolectadas. Dos días después, el Vicepresidente las devuelve. Lo hace porque se detectan varias suplantaciones. En el acto de devolución, García Linera recuerda que prometieron un millón. Al mismo tiempo, hace notar que si las firmas eran para convocar a un referéndum, no tienen validez, porque en los libros no sólo que no figura la pregunta, sino que no se hizo trámite alguno ante el organismo electoral. Los dirigentes responden que sólo entregaron una muestra de las firmas y que la mayor parte están resguardadas en sus oficinas, a fin de que nadie pueda destruirlas. Explican que hubo amenazas de hacerlo por parte de asambleístas del MAS. El 4 de diciembre, el propio Presidente subraya el fracaso de la campaña, recordando que no se cumplió con la meta del millón. Señala que si las firmas son auténticas, corresponden a 32 mil racistas.

Fracasada la campaña del millón de firmas y divulgada la norma, los periodistas estaban muy atentos a la publicación del reglamento de la ley que especificaría los pormenores de las sanciones y otros aspectos de la misma. De manera sorpresiva advirtieron que no es una ley calificada como *la espada de Damocles del periodista*, sino coherente con las disposiciones y reglamentos del rublo periodístico:

---

30 La prensa y la Ley contra el Racismo y toda forma de discriminación. Rafael Archondo, agosto 2011. Disponible en: cedoin-gtz.padep.org.bo/upload/prensa-ley-racismo.pdf

CAPÍTULO IV
COMUNICACIÓN, INFORMACIÓN Y DIFUSIÓN

ARTÍCULO 12.- (AUTORIDAD COMPETENTE). El Ministerio de Obras Públicas, Servicios y Vivienda es la instancia competente para implementar políticas de prevención en los ámbitos de comunicación, información y difusión en coordinación con la Autoridad de Fiscalización y Control Social de Transporte y Telecomunicaciones – ATT, en el marco de sus competencias.

ARTÍCULO 13.- (OBLIGACIONES DE LOS MEDIOS DE COMUNICACIÓN). Son obligaciones de los medios de comunicación:

Adoptar o readecuar sus Reglamentos Internos, incorporando principios orientados a impulsar el reconocimiento, el respeto de las diferencias y la promoción de principios, valores y normas para erradicar conductas racistas y toda forma de discriminación, conforme a la Ley Nº 045.

Promover las acciones de prevención y educación destinadas a precautelar el respeto a la dignidad e igualdad de todas las personas, mediante la elaboración de productos comunicacionales propios, en idiomas oficiales y alternativos de acuerdo a la región y audiencia, que serán difundidos bajo los siguientes parámetros:

En canales de televisión: al menos veinte (20) minutos al mes, en horarios preferenciales.

En radioemisoras: al menos cuarenta (40) minutos al mes, en horarios preferenciales.

En diarios y semanarios: al menos una (1) página al mes, y en revistas: media página al mes; en espacios preferenciales para ambos casos.

En periódicos digitales en internet, un (1) espacio al mes.

Enviar semestralmente un informe de dichos productos comunicacionales difundidos al Comité Nacional contra el Racismo y Toda Forma de Discriminación; el que a su vez verificará el contenido de los mismos.

En caso de incumplimiento de lo establecido en el numeral 3 precedente se aplicarán las sanciones previstas en el Artículo 17 del presente Decreto Supremo.

CAPÍTULO II
FALTAS Y SANCIONES EN LOS MEDIOS DE COMUNICACIÓN

ARTÍCULO 16.- (DE LAS FALTAS). Se consideran faltas de los medios de comunicación cualquiera sea su naturaleza la autorización de la difusión y publicación de ideas racistas y discriminatorias, que se traducen en las siguientes:

Expresiones deliberadas y sistemáticas, consistentes en manifestaciones verbales o escritas, con el propósito de dañar la dignidad de determinada persona o grupo por motivos racistas o discriminatorios.

Difusión sistemática de mensajes con contenidos racistas o discriminatorios, en propagandas, espacios pagados, avisos solicitados y publicidad, que inciten al odio, desprecio, violencia o persecución de una determinada persona o grupos de personas.

Defensa o elogio de los actos de racismo o discriminación con el fin de justificar el odio, la violencia o la persecución de determinada persona o grupo.

ARTÍCULO 17.- (SANCIONES). Las sanciones previstas para los medios de comunicación son las siguientes:

Sanciones de primer grado.- Serán sancionados con diez (10) a ciento cincuenta (150) días multa, los medios de comunicación que hayan incurrido en las conductas de los numerales 1, 2o 3 del Artículo 16 del presente Decreto Supremo, por primera vez.

Sanciones de segundo grado.- Serán sancionados con ciento cincuenta y uno (151) a trescientos (300) días multa, los medios de comunicación que hayan incurrido en las conductas de los numerales 1, 2 o 3 del Artículo 16 del presente Decreto Supremo, por segunda vez.

Sanciones de tercer grado.- Serán sancionados con inhabilitación temporal de funcionamiento de ciento cincuenta (150) a trescientos sesenta (360) días calendario, los medios de comunicación que hayan incurrido en las conductas de los numerales 1, 2 o 3 del Artículo 16 del presente Decreto Supremo, por tercera vez. En las posteriores reincidencias se aplicará directamente la máxima sanción establecida en el presente numeral.

ARTÍCULO 18.- (DAÑOS, PERJUICIOS Y CUMPLIMIENTO DE OBLIGACIONES). I.

Independientemente de la sanción administrativa impuesta, el medio de comunicación cubrirá el resarcimiento de los daños y perjuicios que pudiera haber ocasionado, que serán determinados judicialmente.

II. Se salva el derecho de repetición del medio de comunicación.

III. La aplicación de sanciones no exime a los medios de comunicación de la responsabilidad de cumplir con sus obligaciones laborales.

ARTÍCULO 19.- (INICIO DIRECTO DEL PROCEDIMIENTO SANCIONATORIO). La ATT iniciará directamente el procedimiento sancionatorio, sin necesidad de intimación previa, cuando los medios de comunicación incurran en las faltas descritas en el Artículo 16 del presente Decreto Supremo.

ARTÍCULO 21.- (CONDUCTAS QUE NO GENERAN RESPONSABILIDAD DIRECTA PARA LOS MEDIOS DE COMUNICACIÓN). La publicación o difusión de ideas y mensajes racistas y discriminatorios no generará responsabilidad directa al medio de comunicación en los siguientes casos:

Cuando se publiquen o difundan como parte de cobertura informativa o de las tareas propias de la comunicación, sin que constituyan defensa o elogio de acciones de racismo y discriminación.

Cuando sean expresiones de terceras personas difundidas en programas en directo o con participación de la audiencia. En este caso, de conformidad a las normas de ética periodística, el medio de comunicación deberá advertir al público de abstenerse de expresiones de naturaleza racista o discriminatoria e interrumpir la declaración. En caso de que el medio de comunicación no aplique su autorregulación y de persistir la infracción será pasible a las sanciones establecidas en el Artículo 17 del presente Decreto Supremo.

Cuando corresponda a un programa independiente en espacios alquilados en radio y televisión, el responsable directo es el (la) director (a), productor (a), conductor (a) o el (la) que contrate el espacio del programa emitido. En caso de que el medio de comunicación no advierta y permita la infracción, será pasible a las sanciones establecidas en el Artículo 17 del presente Decreto Supremo.

125

6.6. Ley de la Educación "Avelino Siñani - Elizardo Pérez"(concerniente a la educación bilingüe e intercultural)

La teoría de la comunicación intercultural, da por supuesto que su objetivo primario es que diferentes culturas puedan comunicarse entre sí. Debemos tener presente que un componente primario de la *Interculturalidad* es sin duda alguna la *Lengua*. La Ley Avelino Siñani-Elizardo Pérez, tiene sus componentes que marcan la importancia de la enseñanza del idioma y la lengua[31] de las diferentes culturas que conforman el Estado Boliviano.

El uso de la lengua castellana y otra originaria, debe tener carácter obligatorio, porque constituye un instrumento de comunicación y desarrollo en el proceso de configuración del Estado Intercultural.

La Ley Avelino Siñani-Elizardo Pérez, remite en varios de sus artículos a la educación y enseñanza bilingüe e intercultural de los ciudadanos, además de la investigación de las lenguas originarias en institutos especializados:

Artículo 3. (Bases de la educación)

Es intracultural, intercultural y plurilingüe en todo el sistema educativo. Desde el potenciamiento de los saberes, conocimientos e idiomas de las naciones y pueblos indígena originario campesinos, las comunidades interculturales y afrobolivianas, promueve la interrelación y convivencia en igualdad de oportunidades para todas y todos, a través de la valoración y respeto recíproco entre culturas.

Artículo 6. (Intraculturalidad e Interculturalidad).

Artículo 7. (Uso de Idiomas oficiales y lengua extranjera). La educación debe

Iniciarse en la lengua materna, y su uso es una necesidad pedagógica en todos los aspectos de su formación. Por la diversidad lingüística existente en el Estado Plurinacional, se adoptan los siguientes principios obligatorios de uso de las

---

31 Esto tiene que ver con la enculturación, término antropológico que explica el progresivo aprendizaje de los elementos que constituyen la cultura. Este es un proceso relativo a los niños y empieza en la primera infancia. Gracias a este proceso, es posible formar hombres y mujeres con una identidad compartida. p. 46. *Cultura* 1. Materiales de apoyo a la formación docente de educación intercultural bilingüe. UNICEF. 1996.

126

lenguas por constituirse en instrumentos de comunicación, desarrollo y producción de saberes y conocimientos en el Sistema Educativo Plurinacional.

1. En poblaciones o comunidades monolingües y de predominio de la lengua originaria, la lengua originaria como primera lengua y el castellano como segunda lengua.

2. En poblaciones o comunidades monolingües y de predominio del castellano, el castellano como primera lengua y la originaria como segunda.

3. En las comunidades o regiones trilingües o plurilingües, la elección de la lengua originaria, se sujeta a criterios de territorialidad y transterritorialidad definidos por los consejos comunitarios, que será considerada como primera lengua y el castellano como segunda lengua.

En el caso de las lenguas en peligro de extinción, se implementarán políticas Lingüísticas de recuperación y desarrollo con participación directa de los hablantes de dichas lenguas.

5. Enseñanza de lengua extranjera. La enseñanza de la lengua extranjera se inicia en forma gradual y obligatoria desde los primeros años de escolaridad, con metodología pertinente y personal especializado, continuando en todos los niveles del Sistema Educativo Plurinacional.

6. La enseñanza del lenguaje en señas es un derecho de las y los estudiantes que lo requieran en el sistema educativo. La enseñanza del lenguaje de señas es parte de la formación plurilingüe de las maestras y maestros.

Artículo 10. (Objetivos de la Educación Regular).

4. Lograr habilidades y aptitudes comunicativas trilingües mediante el desarrollo de idiomas indígena originarios, castellano y un extranjero.

Artículo 88. (Instituto Plurinacional de Estudio de Lenguas y Culturas).

1. Se crea el Instituto Plurinacional de Estudio de Lenguas y Culturas como entidad descentralizada del Ministerio de Educación, que desarrollará procesos de investigación lingüística y cultural.

2. El Instituto Plurinacional de Estudio de Lenguas y Culturas, creará los institutos de lenguas y culturas por cada nación o pueblo indígena originario campesino para la normalización, investigación y desarrollo de sus lenguas y culturas, los mismos que serán financiados y sostenidos por las entidades territoriales autónomas.

127

6.7. Ley de derechos lingüísticos de los pueblos indígenas

Lo dicho *supra*, el espacio de la lengua y los idiomas, es un tema estratégico para un estado plurinacional.

De acuerdo con el principio de que la lengua es el vehículo más específico sobre el tema de cohesión social, muchos estados, configuraron una ley definida sobre los derechos lingüísticos (por ejemplo México y Colombia) de los pueblos indígenas.

La Ley de Derechos Lingüísticos de los Pueblos Indígenas debe tomar en cuenta los siguientes aspectos[32]:

- La regulación del uso y desarrollo de las lenguas indígenas.

- El reconocimiento, protección, promoción, preservación, desarrollo y uso de las lenguas indígenas nacionales por parte del gobierno, los departamentos y municipios del país.

- La adopción de medidas para que los medios de comunicación difundan la diversidad lingüística. Además, la consignación de un porcentaje del tiempo en los medios de comunicación masiva, para la emisión de programas en las diversas lenguas en sus áreas de cobertura, que promuevan la literatura, tradiciones orales y otras características de las culturas indígenas.

- La validación de las lenguas indígenas, al igual que el castellano, para cualquier trámite de carácter público, así como para la gestión de servicios e información pública.

- El derecho de todos los bolivianos en comunicarse en la lengua de la que sea hablante, sin restricciones en el ámbito público o privado, en forma oral o escrita, en todas sus actividades sociales, económicas, políticas, culturales, religiosas y cualesquiera otras.

---

32 Puntos extraídos y adecuados de la *Ley General de Derechos Lingüísticos de los Pueblos Indígenas*. Nueva Ley publicada en el Diario Oficial de la Federación el 13 de marzo de 2003. Últimas reformas publicadas DOF 18-06-2010. Cámara de Diputados del H. Congreso de la Unión. Secretaría General. Secretaría de Servicios Parlamentarios. Centro de Documentación, Información y Análisis. Estados Unidos Mexicanos. Disponible en: leyco.org › México › Leyes Federales

- La provisión por parte de las autoridades de la administración de justicia, de lo necesario a efecto de que en los juicios que realicen, los indígenas sean asistidos gratuitamente por intérpretes y defensores que tengan conocimiento de su lengua.

6.8. Creación del Ministerio de Comunicación

La tragedia de muchas instituciones (y gobiernos), es la de menoscabar la importancia de la comunicación o haberla ignorado por mucho tiempo.

Sin embargo, hay otros estados y gobiernos que sí entendieron y entienden la importancia de la comunicación en el ámbito de las actividades de la administración estatal. Incluso en el pasado siglo, Hitler instituyó el Ministerio de Propaganda e Información del Tercer *Reich* asignando a Goebbels[33] como ministro del área. También hay que recordar que el gobierno de Banzer (durante su régimen dictatorial) intentó sistematizar la comunicación institucional estatal. En junio de 1976, se convocó a la Primera Conferencia Intergubernamental sobre Políticas de Comunicación en América Latina y el Caribe (Exeni, 1998:175) en la que asistió el entonces Director General de Informaciones de la Presidencia de la República, Herman Antelo. A

---

33 Joseph Paul Goebbels (1897-1945), político alemán, nacido en Rheydt. Estudió en las universidades de Bonn, Berlín y Heidelberg. Se unió al Partido Nacionalsocialista (nazi) en 1922 y se encargó de la formación de los estudiantes que ingresaban en la organización. En 1925 conoció al dirigente del partido, Adolf Hitler. Goebbels fue nombrado gauleiter (jefe del partido) en la región de Berlín en 1926 y fundó el periódico oficial del nacionalsocialismo, Der Angriff (El ataque), en el que ocupó el cargo de director, en 1927. Fue elegido miembro del Reichstag, el parlamento alemán, en 1928 y un año más tarde se le nombró jefe de Propaganda del partido nazi, cargo desde el cual promovió una campaña de odio irracional a los judíos y a otros grupos 'no arios', tales como los eslavos. Su labor propagandística contribuyó a incrementar el poder de Hitler en 1933. En este mismo año, Goebbels fue nombrado ministro de Propaganda e Información. Empleó todos los recursos del sistema educativo y de los medios de comunicación para cumplir los objetivos propagandísticos nazis, e inculcó en el pueblo alemán la idea de que su líder era un verdadero dios y de que el destino de este pueblo era gobernar el mundo. Pasó a ser miembro del consejo de ministros de Hitler en 1938. A finales de la II Guerra Mundial, hacia 1944, Hitler le puso al mando de la movilización general. Goebbels se suicidó el 1 de mayo de 1945, mientras las tropas rusas bombardeaban Berlín. Los diarios de Goebbels, de 1942 y 1943, fueron encontrados entre sus escritos. Microsoft ® Encarta ® 2009. © 1993-2008 Microsoft Corporation. Reservados todos los derechos.

su vuelta, Antelo intento aplicar las recomendaciones del *"Espíritu de Costa Rica"* con la creación del Sistema Nacional de Información (SNI), creado por decreto el 3 de junio de 1977; según Exeni *"…el intento fue parcial, distorsionado, mal aplicado y, por ello, terminó en un fracaso que tuvo nocivas consecuencias"*.

El Ministerio de Comunicación ha dado varios giros en los diversos regímenes de gobierno sometiéndose a las distintas ideologías y políticas de los gobiernos de turno. Por lo tanto, se espera que el Ministerio de Comunicación del gobierno actual maneje y estructure sus políticas y estrategias al reto de ser parte del desarrollo del estado intercultural.

Nueva cartera de Comunicación busca centralizar información

16/02/2011 publicado por Luz Mendoza Dejar un Comentario

Evo retoca su gabinete. Cambios sin ninguna trascendencia. Se reabrió la cartera de Comunicación. El hasta ayer vocero gubernamental, Iván Canelas, reinaugura el Ministerio de Comunicación, suprimido en 2002, con la finalidad de centralizar la información generada por los ministerios y las empresas estratégicas del Estado.

Salguero (centro), Rojas y Canelas refuerzan el gabinete de Evo

La Prensa

Nueva cartera busca centralizar información

El hasta ayer vocero gubernamental, Iván Canelas, reinaugura el Ministerio de Comunicación, suprimido en 2002, con la finalidad de centralizar la información generada por los ministerios y las empresas estratégicas del Estado.

La nueva cartera contará con los vice ministerios de Políticas Comunicacionales y Gestión Comunicacional.

Del primero dependerán las direcciones generales de Estrategias, Información Gubernamental; y del segundo, las direcciones generales de Medios Estatales y Estudios y Proyectos.

El objetivo es canalizar a través de una sola entidad la información generada por los ministerios y las empresas públicas estratégicas, además de que tendrá tuición sobre Bolivia Tv, radio Illimani, el periódico Cambio y la Agencia Boliviana de Informaciones (ABI).

La creación de este Ministerio obligó a modificar el Decreto Supremo 29894 de organización del Ejecutivo y da lugar a que desaparezca la Dirección Nacional de Comunicación Social, cuyos activos y presupuestos pasarán a la nueva entidad.

Canelas ocupó un escaño en la Cámara de Diputados entre 22 de enero de 2006 y 30 de marzo de 2008, cuando renunció a su condición de parlamentario para reemplazar a Álex Contreras, quien dejó sus funciones bajo el argumento de que una logia se había apoderado del Gobierno y en medio de irreconciliables diferencias con el entonces ministro de la Presidencia, Juan Ramón Quintana.

Una fuente masista informó que Canelas se resistió inicialmente a asumir esta cartera, pues tenía la intención de hacerse cargo del canal de televisión estatal, que se montará con financiamiento de la República Islámica de Irán.

Para destacar

El anterior ministro de Informaciones fue Hernán Terrazas, durante el Gobierno de Tuto Quiroga.

Cuando Gonzalo Sánchez de Lozada asumió la Presidencia, anuló esa cartera.

En su reemplazo, el ex líder movimientista creó la figura del Vocero Presidencial.

Álex Contreras e Iván Canelas fueron los dos voceros de las gestiones de Evo Morales.[34]

6.8.1. Importancia del Ministerio de Comunicación

Mediante Decreto Supremo N° **0793del 15 de febrero del 2011, se crea el** Ministerio de Comunicación (además la extinción de la Dirección Nacional de Comunicación Social-DINACOM); estableciendo su estructura, atribuciones y competencias, así como el establecimiento de las instituciones bajo su tuición.

Según el decreto supremo, podemos clasificar las funciones y atribuciones del Ministerio:

---

34 Disponible en: www.redunitas.org/boletin/02febrero11/16nuevacartera.php

ESTRUCTURA JERÁRQUICA	ATRIBUCIONES
Ministro de comunicación	Proponer, diseñar y definir políticas, estrategias y normas de comunicación gubernamental b) Promover y regular el desarrollo de la comunicación gubernamental. c) Formular y aplicar políticas de comunicación gubernamental, en compatibilidad con el Plan Nacional de Desarrollo. d) Organizar y desarrollar un sistema de información que investigue y sistematice demandas sociales y de opinión pública. e) Dirigir y coordinar las acciones de información y comunicación interministerial e interinstitucional del Órgano Ejecutivo. f) Difundir las políticas de gobierno del Estado Plurinacional. g) Promover la imagen del Estado a través de los medios de comunicación. h) Planificar, orientar y supervisar la política de relación del Órgano Ejecutivo con los medios de comunicación gubernamentales. i) Implementar programas y proyectos de posicionamiento en temas estratégicos de la gestión gubernamental. j) Coordinar con los Ministerios de Estado las tareas de monitoreo de información.
Viceministerio de Políticas Comunicacionales	a) Diseñar, elaborar y desarrollar políticas y estrategias de comunicación gubernamental, en compatibilidad del Plan Nacional de Desarrollo. b) Elaborar y proyectar normas de comunicación gubernamental. c) Establecer acciones coordinadas de información y comunicación interministerial e interinstitucional. d) Informar sobre temas de interés coyuntural. e) Supervisar la emisión de boletines, cartillas, páginas web, revista, periódicos y demás documentos comunicacionales. f) Coordinar con los Ministerios de Estado las tareas de monitoreo de información. g) Apoyar al Ministro en las actividades de comunicación interministerial y en la información y difusión de las políticas y acciones gubernamentales.
Dirección General de Estrategias	
Dirección General de Información Gubernamental	

Viceministerio de Gestión Comunicacional	a) Desarrollar un sistema de información de investigación y Sistematización de demandas sociales y de opinión pública.
	b) Gestionar la difusión de las políticas del gobierno y de la imagen del Estado Plurinacional.
	c) Elaborar y ejecutar planes, programas y proyectos de posicionamiento en temas estratégicos de la gestión gubernamental, en el marco de las políticas aprobadas por el Ministro, haciendo el seguimiento, el control y la evaluación de la ejecución de los mismos.
	d) Diseñar, elaborar y desarrollar políticas de relacionamiento del Órgano Ejecutivo con los medios de comunicación gubernamentales.
	e) Desarrollar programas y proyectos de fortalecimiento y desarrollo de los medios de comunicación del Estado, así como orientar y supervisar su relacionamiento.
	f) Gestionar la relación con los medios de comunicación social, públicos y privados.
Dirección General de Medios Estatales	Empresa Estatal de Televisión – BOLIVIA TV. - Radio Illimani. - Periódico "Cambio". - Agencia Boliviana de Información – ABI.
Dirección General de Estudios y Proyectos	

La página *web* correspondiente al Ministerio (www.comunicación. gob.bo), nos da ciertas pautas sobre sus funciones; El eslogan del Ministerio es explícito al declarar que la comunicación es para *vivir bien*.

Un aspecto recurrente de varios encargados del Ministerio, es asumir la gestión del gabinete de comunicación sólo desde la perspectiva mediática informativa: que únicamente tiene que ver con los medios y la información o como un ente encargado de *"cuidar la imagen del presidente y su gobierno"*, incluso cuando le designaron a Canelas como ministro del ramo, el presidente Evo declaró que éste, aún debía seguir como *Vocero Presidencial*. La comunicación institucional como expresión administrativa del Ministerio de Comunicación, debe ser considerada como un sistema concatenador de los diversos subsistemas que compone el estado.

6.8.2. El Ministerio de comunicación como sistema.

Desde la teoría de sistemas, la organización o institución es una totalidad compuesta por elementos interrelacionados e

133

interdependientes entre sí. El objetivo de la institución, es alcanzar la eficiencia, donde el resultado sea mayor que la suma de sus partes.[35] Las organizaciones -así sea una macro organización como el estado- son abiertas, esto significa que reciben insumos del entorno y depositan productos al mismo. Los insumos y productos pueden ser de todo tipo y entre ellos podemos tomar en cuenta los insumos simbólicos: signos, datos, información y comunicación.

Si admitimos la categorización *Estado boliviano y Sociedad civil*, la Comunicación Institucional del Ministerio será la que maneje la comunicación del estado; la sociedad civil será su público externo, mientras todos los que pertenecen al aparato estatal, serán su público interno.

La siguiente tabla, es un esbozo (*sin pretensiones exhaustivas*) de los públicos más significativos del Estado:

---

35 ...la cualidad emergente muestra, por un lado, la fortaleza del principio de totalidad y, por otro, la confirmación del principio de no sumatividad. Además, revela su origen en las interrelaciones e interdependencias de los componentes, no su mera acumulación cuantitativa (Rivadeneira, 1995:73).

ESTADO PLURINACIONAL DE BOLIVIA	PÚBLICOS INTERNOS	PÚBLICOS EXTERNOS
	Asamblea Legislativa Plurinacional: Cámara de Diputados y de Senadores	El pueblo soberano, por medio de la sociedad civil organizada
	Órgano Ejecutivo: Presidente, Vicepresidente y Ministros de estado.	ONGS, organizaciones populares, cívicas, sindicales, barriales, gremiales, fundaciones, etc.
	Órgano judicial: Consejo de la Magistratura, Tribunal Constitucional, Procuraduría General del Estado	Naciones que conforman el estado: Indígenas de tierras altas, bajas, etc.
	Órgano electoral: tribunal electoral supremo, tribunales electorales departamentales, juzgados electorales, jurados de las mesas de sufragio, notarios electorales	Países con los que tiene convenios y tratados, y con los que mantiene relaciones bilaterales.
	servidores públicos	Medios masivos de comunicación: radio, tv, periódicos, etc.
	Fuerzas Armadas y Policía Boliviana	
	Sistema de Medios de comunicación estatal: radio, televisión, periódico.	
	Gobiernos Autónomos Departamentales, municipales y Autonomías Indígenas	
Fuente: Elaboración propia sobre la base de la NCPE		

6.8.3. Funciones del Ministerio de Comunicación:

Ciertamente que el Ministerio de Comunicación no puede asumir semejante carga de públicos; esto sería improbable; sin embargo tendrá que dar lineamiento general (políticas y estrategias) y coordinar con las distintas reparticiones del estado: ministerios, vice ministerios, oficinas, departamentos, etc.

Dentro las diferentes funciones del ministerio de Comunicación están:

- Políticas de comunicación gubernamental
- Sistema de información de demandas sociales y de opinión pública.
- Coordinar la comunicación interministerial e interinstitucional del Ejecutivo.
- Difundir las políticas de gobierno.

135

- Promover la imagen del Estado.

- Planificar la relación del Ejecutivo con los medios de comunicación gubernamentales.

- Implementar programas y proyectos de posicionamiento de la gestión gubernamental.

- Coordinar con los Ministerios el monitoreo de información

Por la importancia y el interés del tema de gestión de conflictos, hacemos notar la ausencia significativa de esta función en las políticas establecidas del ministerio. (en el siguiente capítulo se profundiza el tema).

6.9. Ley de lucha contra la corrupción, enriquecimiento ilícito e investigación de fortunas "Marcelo Quiroga Santa Cruz"

La administración pública, siempre causó desazón respecto a la administración poco honrada de los recursos económicos públicos. Son famosos los casos de corrupción en la gestión pública: Dante Escobar, *Chito* Valle, Santos Ramírez, Kieffer, etc.

También es cierto que los sucesivos gobiernos, quisieron evitar este azote de la corrupción -con poco éxito- realizando leyes al respecto. Sin ir lejos, la Ley de Administración y Control Fiscal (SAFCO)[36] que dictó en su gobierno Jaime Paz Zamora, no evitó la corrupción de sus empleados públicos incluyendo ministros asociados al narcotráfico. Gonzalo Sánchez de Lozada, a su vez, otorgó el poder de luchar contra la corrupción al entonces Vicepresidente Carlos Mesa, quien estableció "La Unidad de Ética Institucional" a la cabeza de Lupe Cajías y de la misma manera con poco éxito.

El presidente actual, en la toma de mando, expresó claramente que habrá *cero corrupciones* en su gobierno. Pero esta pretensión no podía basarse sobre deseo, lo que hacía falta era un apoyo legislativo,

---

36 Fue acusado de favorecer el nepotismo, sobre la base de los nombramientos de su hermano Mario como Ministro de Salud y de su hermana Rosario como presidenta del Organismo Nacional del Menor, la Mujer y la Familia (Onanfa).

136

jurídico y administrativo fuerte para que la corrupción sea aminorada o acaso erradicada de la administración estatal.

La Ley Anticorrupción N° 004 del 31 de marzo del 2010, incorpora los principios de retroactividad e imprescriptibilidad de los delitos en el manejo de los recursos públicos, y no reconoce ningún tipo de fuero a la hora de juzgar los delitos de corrupción y enriquecimiento ilícito de ex y actuales autoridades.

No queremos extendernos sobre todo los aspectos de la Ley, sino sólo a lo relativo a la comunicación y la información:

Artículo 4. (Principios).

Transparencia. Es la práctica y manejo visible de los recursos del Estado por las servidoras y servidores públicos, así como personas naturales y jurídicas, nacionales o extranjeras que presten servicios o comprometan recursos del Estado.

Artículo 17. (Protección de los Denunciantes y Testigos).

II. El Sistema brindará protección adecuada contra toda amenaza, agresión, represalia o intimidación a denunciantes y testigos, así como peritos, asesores técnicos, servidores públicos y otros partícipes directos o indirectos en el proceso de investigación, procesamiento, acusación y juzgamiento.

III. El Ministerio de Transparencia Institucional y Lucha Contra la Corrupción, guardará reserva de la identidad de las personas particulares y servidoras o servidores públicos que denuncien hechos y/o delitos de corrupción y guardará en reserva la documentación presentada, recolectada y generada durante el cumplimiento de sus funciones.

Artículo 19. (Exención de Secreto o Confidencialidad).

I. No se podrá invocar secreto o confidencialidad en materia de valores y seguros, comercial, tributario y económico cuando la Unidad de Investigaciones Financieras, Ministerio de Transparencia Institucional y Lucha Contra la Corrupción, Ministerio Público y la Procuraduría General del Estado requieran información para el cumplimiento de sus funciones; esta información será obtenida sin necesidad de orden judicial, requerimiento fiscal ni trámite previo alguno.

Artículo 20. (Exención de Secreto Bancario para Investigación de Delitos de Corrupción).

I. No existe confidencialidad en cuanto a las operaciones financieras realizadas por personas naturales o jurídicas, bolivianas o extranjeras, en procesos judiciales, en los casos en que se presuma la comisión de delitos financieros, en los que se investiguen fortunas, en los que se investiguen delitos de corrupción y en procesos de recuperación de bienes defraudados al Estado.

II. Los servidores públicos podrán renunciar de manera voluntaria al secreto bancario.

La renuncia efectuada quedará sin efecto cuando el servidor público concluya sus funciones.

Artículo 21. (Deber de Informar).

I. Tienen el deber de remitir toda la información solicitada por la Unidad de Investigaciones Financieras, dentro de una investigación que se esté llevando a cabo, las siguientes entidades y sujetos dedicados a:

a) Compra y venta de armas de fuego, vehículos, metales, obras de arte, sellos postales y objetos arqueológicos;

b) Comercio de joyas, piedras preciosas y monedas;

c) Juegos de azar, casinos, loterías y bingos;

d) Actividades hoteleras, de turismo y de agencias de viaje;

e) Actividades relacionadas con la cadena productiva de recursos naturales estratégicos;

f) Actividades relacionadas con la construcción de carreteras y/o infraestructura vial;

g) Despachadores de aduanas, y empresas de importación y exportación;

h) Organizaciones no gubernamentales, fundaciones y asociaciones;

i) Actividades inmobiliarias, y de compra y venta de inmuebles;

j) Servicios de inversión;

k) Partidos políticos, agrupaciones ciudadanas y pueblos indígenas;

l) Actividades con movimiento de efectivo susceptibles de ser utilizadas para el lavado de dinero y otras actividades financieras, económicas, comerciales establecidas en el Código de Comercio.

Las entidades o sujetos mencionados en los incisos anteriores deberán informar deoficio a la Unidad de Investigaciones Financieras cuando en el ejercicio de sus funciones y/o actividades, detecten la posible comisión de hechos o delitos de corrupción.

Artículo 22. (Manejo de la Información).

I. La información obtenida por la Unidad de Investigaciones Financieras, no podrá ser compartida ni publicada en la fase de análisis e investigación.

II. Cuando la Unidad de Investigaciones Financieras considere que la información contiene presuntos hechos de corrupción, la remitirá con todos sus antecedentes al Ministerio Público y la pondrá en conocimiento del Ministerio de Transparencia Institucional y Lucha Contra la Corrupción y de la Procuraduría General del Estado.

III. Esta información valorada por el Ministerio Público, podrá ser presentada como prueba en los procesos penales.

Artículo 23. (Sistema Integrado de Información Anticorrupción y de Recuperación de Bienes del Estado).

I. Créase el Sistema Integrado de Información Anticorrupción y de Recuperación de Bienes del Estado - SIIARBE, a cargo del Ministerio de Transparencia Institucional y Lucha Contra la Corrupción. El mismo tiene por objeto la centralización e intercambio de información de las entidades relacionadas con la lucha contra la corrupción, para diseñar y aplicar políticas y estrategias preventivas, represivas y sancionatorias, además del eficiente seguimiento y monitoreo de procesos en el ámbito de la lucha contra la corrupción.

II. El SIIARBE tendrá dentro sus atribuciones la verificación de oficio de las declaraciones juradas de bienes y rentas de aquellos servidores públicos clasificados de acuerdo a indicadores, parámetros y criterios definidos por las entidades relacionadas con la lucha contra la corrupción.

> **III.** Un Decreto Supremo establecerá sus alcances, organización interna, atribuciones y procedimientos a ser aplicados.

El conjunto de las normas, decretos, leyes que se están haciendo en función del reforzamiento y consolidación del Estado Plurinacional de Bolivia, aun son escasos. Quedan pendientes aspectos normativos y medidas en las diferentes Unidades Autónomas de Gobierno; si se logra avanzar en esos niveles, podría garantizarse un avance en la interculturalidad real. El triunfo de la batalla de la convivencia multicultural depende también de lo que hace el Estado, sus instituciones y dependencias en su forma descentralizada.

EL TALON DE AQUILES
DE LOS GOBIERNOS:
GESTIÓN DE CONFLICTOS Y CRISIS

7. El talón de Aquiles de los gobiernos: gestión de conflictos y crisis

En el país, cada día se presentan conflictos sociales de variada naturaleza, con diferentes tipos de demandas y con actores más radicales que otros. Cuando los conflictos crecen, provocan crisis que si no se los sabe manejar pueden tener consecuencias negativas.

Los números que exponen las diferentes organizaciones que tienen observatorios sobre la dinámica social en materia de conflictos son referencias para medir y proyectar la solidez, estabilidad y gobernabilidad de un país. La Fundación UNIR por ejemplo, presenta cifras preocupantes sobre los conflictos del mes de diciembre del 2011.[37]

GRAFICO N°4
SECTORES DEMANDANTES

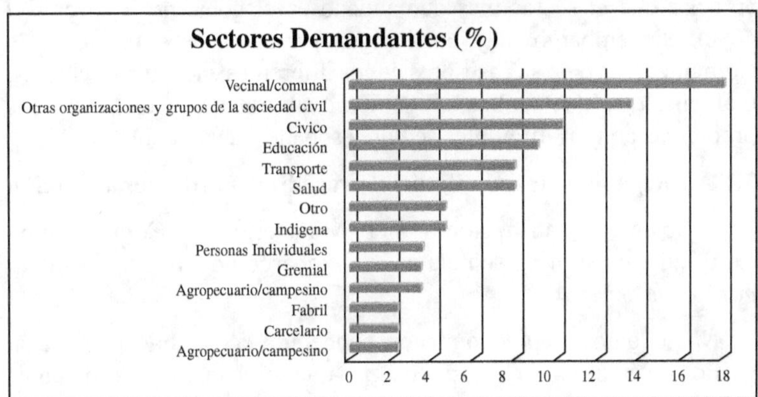

Fuente: Fundación UNIR Bolivia, diciembre 2011.

---

37 Disponible en: www.unirbolivia.org/

GRAFICO N° 5
SECTORES DEMANDADOS

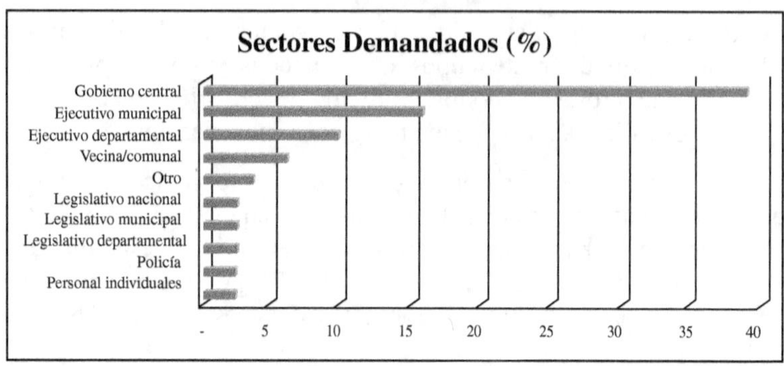

Fuente: Fundación UNIR Bolivia, diciembre 2011.

Como se puede ver en el gráfico 5 del informe de UNIR, se puede apreciar que el sector más demandado es el gobierno (casi con el 40%). Sin embargo, hay una exigua presencia del Ministerio de Comunicación o de sus asesores en los diferentes encuentros, charlas, diálogos, etc. que realiza el gobierno al tratar de solucionar los problemas con los diferentes sectores sociales demandantes.

7.1. Anticipación a los conflictos: el procedimiento de comunicación

Si bien las atribuciones del Ministerio de Comunicación expresadas en su *web*, son claras, sin embargo no toma en cuenta *la gestión de crisis*.

No podemos, ni mucho menos, concebir a la comunicación y a su gestión de crisis como la varita mágica que solucionará los problemas sociales, no obstante ésta coadyuvará de gran manera para que pueda haber entendimiento y se desarrolle "una negociación". La vocación de un estado plurinacional es *per se* un estado dialogante con las naciones que lo conforman.

Debemos aclarar que el conflicto no es sinónimo de violencia, el conflicto no va a desaparecer, el conflicto es algo natural en la

144

sociedad, donde hay más de una persona, pude haber conflicto. La solución de los conflictos debe ser la no violencia. La solución de conflictos con violencia es reiterativo en muchos personajes de series y películas –*Superman*, *Jean Claude Van Damme*, *Steven Seagal*, el *Chapulín Colorado, etc.*–. Pero, como en muchos casos, la vida real supera a este estereotipo de resolución de problemas: la más grande demostración de solución sin violencia, a nivel macro político, la demostró Gandhi con su *política de no cooperación* o *resistencia pacífica* en la liberación de la India del Imperio Británico.[38]

7.2. Procedimiento de la comunicación ante los conflictos

Quién o quienes se encargan de los conflictos o crisis dentro del aparato estatal?, Hay un órgano en los ministerios que maneja sistemáticamente los conflictos y las crisis sociales que demandan al gobierno por *x* asuntos?.

Y si hay encargados gubernamentales que manejan o en el mejor de los casos previenen los conflictos y crisis, bajo qué protocolo actúan?. Con cuantos asesores contamos para manejar los conflictos? Y si hay asesores ¿Son personeros especialistas en gestión de conflictos?, ¿cuál es la relación gestión de conflictos y crisis sociales y ministerio de Comunicación? Y finalmente, ¿son efectivas las acciones de las dependencias gubernamentales encargadas del observatorio y análisis de los conflictos y crisis?

7.3. La gestión del conflicto del gobierno en el caso *"TIPNIS"*

ANÁLISIS DE LA COMUNICACIÓN GUBERNAMENTAL EN EL CASO TIPNIS

(Basado en el Análisis de la conflictividad del TIPNIS y potenciales de paz de la Fundación UNIR Bolivia y el Informe defensorial respecto a la violación de los derechos humanos en la marcha indígena)

---

38 Aun así, y con la injusticia más notoria de la historia, a Gandhi jamás se le otorgó el premio Nobel de la Paz.

Línea del Tiempo

fecha	Acontecimiento
08.08.11:	Dirigencia nacional de Pueblos indígenas informa que no asistirá a Reunión convocada por el Gobierno
15.08.11:	Dirigencia indígena indica que si el Gobierno quiere dialogar "baje a la marcha".
19.08.11:	Una comisión, encabezada por el Ministro Carlos Romero, va al encuentro de la marcha con el mismo argumento "cruzar el TIPNIS".
26.08.11:	Llegan a la marcha los ministros Wálter Delgadillo y Teresa Morales, afirmando que no se construirá el tramo II sin consulta, mostrando una señal de apertura.
31.08.11:	Inicio del bloqueo en el puente Yucumo, protagonizado por las "Comunidades Interculturales", las cuales decidieron en cabildo impedir el paso de la marcha y exigir a los indígenas dialogar con el Gobierno.
01.09.11:	El presidente Evo Morales ratifica que no se negociará el tramo II, mientras sus ministros buscan diálogo para discutir alternativas de solución. El presidente de la ABC, Luis Sánchez, señala que no había un diseño aprobado sobre dicha ruta.
03.09.11:	Se instala una nueva mesa de diálogo con cinco ministros en San Borja, bajo el compromiso de que otros ministros se integrarían paulatinamente al diálogo.
05.09.11:	El diálogo fracasa, los indígenas rechazan la propuesta del gobierno de realizar una consulta con los pobladores de TIPNIS sobre la construcción de la carretera, porque incluiría a los colonos y cocaleros que ocupan espacios en la reserva forestal
09.09.11:	Se envía un contingente policial rumbo a la población de Yucumo, donde colonizadores realizan un bloqueo para impedir el paso de la Marcha.
11.09.11:	La Marcha llega a La Embocada, a 25 kilómetros de Yucumo. Los indígenas piden hablar con el canciller Choquehuanca.
12.09.11:	El gobierno de Evo Morales acepta el pedido de los marchistas y da luz verde a la mediación de Choquehuanca.
13.09.11.	El canciller David Choquehuanca llega a La Embocada. Este encuentro hacía abrigar la esperanza de alguna solución; sin embargo, éste reiteró la posición inamovible del gobierno: "No podemos cambiar lo que el Presidente ya ha decidido" (Fundación Tierra).
13. 09. 11.	Se cumple un mes desde el inicio de la Marcha, y sus integrantes siguen en suelo beniano (Fundación Tierra).
14.09.11:	Los marchistas rechazan ofrecimiento del Ejecutivo de hacer una consulta sobre la construcción de la carretera.
15.09.11:	Se realizan marchas estudiantiles en La Paz y Cochabamba. El Gobierno convoca a diálogo en la ciudad de Cochabamba.
16.09.11:	El presidente Morales se reúne con un grupo disidente de la Marcha en la localidad de Santo Domingo.
17.09.11:	En Yucumo se niega el paso a una camioneta de FOBOMADE con ayuda humanitaria. La Marcha llega a la localidad de Limoncito. Toman detenidos a dos dirigentes de la APG, y DIPROVE decomisa su camioneta arguyendo que fue robada. Guaraníes instalan bloqueo cortando la vía Yacuiba-Santa Cruz.
19.09.11:	El Defensor del Pueblo pide públicamente que se levante el cerco a la Marcha. Gobierno condiciona el diálogo a la reducción de cuatro puntos del pliego petitorio. Efectivos de la Policía intervienen bloqueo en Yacuiba (Santa Cruz).

20.09.11:	Un grupo de mujeres indígenas del CONAMAQ y del CPILAP instala una vigilia en San Francisco (La Paz). Los indígenas retoman la Marcha acercándose a Yucumo. Un grupo de simpatizantes con la Marcha indígena sale desde La Paz hacia su encuentro.
20.09.11:	La marcha avanza 10 kilómetros desde Limoncito, un contingente de 100 policías la detiene a la entrada de la hacienda Villa Yenny, con la justificación de que deben impedir un enfrentamiento entre indígenas y una columna de colonos que había salido de Yucumo a primera hora de la mañana (Fundación Tierra).
21.09.11:	Policía instala un cordón de seguridad entre indígenas y bloqueadores en Yucumo. Colonizadores de Caranavi declaran que desconocen el bloqueo en Yucumo.
22.09.11:	El Gobierno envía cisternas de agua para los marchistas. Policías intervienen un bloqueo entre Cobija y Riberalta a favor de la marcha indígena. Se reportan heridos por uso de balines y de agentes químicos. La COB convoca a paro nacional en solidaridad con los marchistas.
23.09.11:	El Gobierno anuncia el envío de una comisión encabezada por el Canciller.
24.09.11:	Los indígenas toman como "rehenes" al Canciller y al Viceministro de Movimientos Sociales y los obligan a marchar con el objetivo de romper el cerco. "Las mujeres, quienes lo tomaron del brazo (al canciller) y lo intimaron a que marche con la columna. Así recorrieron menos de seis kilómetros hasta que la Policía los detuvo en el caserío de San Lorenzo de Chaparina (Fundación Tierra)".

Fuente: Fundación UNIR Bolivia

7.3.1. El manejo de los conflictos sociales y la comunicación planificada

El gobierno debe entender que continuamente están expuestos a conflictos sociales y que los conflictos y las crisis acaban llegando siempre. Los conflictos a pesar de su naturaleza irremediable e imprevisible, no deben ser gestionados como una amenaza permanente, sino como oportunidades para que el Gobierno muestre de forma honesta, clara y transparente sus compromisos, su modo de actuar, su funcionamiento o su eficacia como parte natural de su propia identidad manifestada en ese tipo de situaciones. Para el logro de este objetivo, la comunicación es imprescindible.[39]

En el manejo de conflicto hay dos fases que deben atenderse metódicamente:

a) Previsión, que tiene que ver con la preparación del gobierno, de las personas y de los instrumentos de comunicación, ante un potencial estallido de una crisis en el futuro;

---

39 Comunicación de crisis en secuestros: el caso del pesquero Alakrana José Carlos Losada Díaz Disponible en: www.reddircom.org/textos/alakrana.pdf

b) Reacción, en el que se ponen en marcha las actividades e instrumentos necesarios para gestionar una crisis que ya ha estallado, para que ésta no tenga consecuencias tan graves y se consiga minimizar el alcance de las percepciones negativas que podría generar en los ciudadanos.

A partir de estas dos fases, analizaremos los sucesos relacionados con la marcha del TIPNIS.

7.3.2. Preparación

En cuanto a la **preparación**, es preciso apuntar que el Gobierno debía estar preparado para conflictos que tengan que ver con: pueblos indígenas, tema tierra y territorio y con temas de medio ambiente. Un protocolo de actuación muy definido, tanto en lo que tiene que ver con la negociación y en la parte puramente comunicativa. De igual forma un Gobierno debe prever determinados escenarios a los cuales puede llegar a enfrentarse.

7.3.2.1 Estrategia de comunicación

¿Qué estrategia de comunicación optó el gobierno frente al reclamo de los indígenas del TIPNIS?

En esos primeros días, el Ejecutivo optó por la Denuncia de los líderes como personas que sostienen contactos con la embajada de EEUU. El Presidente muestra un reporte de llamadas telefónicas efectuadas supuestamente por el encargado de Asuntos Indígenas de la embajada, Eliseo Abelo, a los dirigentes Pedro Nuni, Rafael Quispe y a la esposa de Adolfo Chávez, principal dirigente de la Cidob. También son acusados por estar financiados por ONGs y que además influyeron para insertar el descalabro de la palabra "*intangible*".

El gobierno paralelamente, también difundió profusos mensajes en los medios estatales sobre la importancia de la carretera y el desarrollo del norte boliviano por su conexión a otros departamentos de occidente.

Así mismo, hay una contradicción en los intentos de diálogo y la descalificación del gobierno a los marchistas:

> Es importante señalar que, mientras el Gobierno emitía el mensaje constate de que las y los marchistas no querían dialogar, a la vez lanzaba sistemáticos ataques contra los dirigentes de la marcha, inculpándolos de traficar madera (entre otras acusaciones) a la vez que desvirtuaba la legitimidad de la movilización. Se trataba de descalificar y deslegitimar al interlocutor con el que, a la vez, se decía pretender dialogar.[40]

7.3.3. Reacción

7.3.3.1. Comité de Crisis

Una medida habitual en situaciones de crisis que tienen como protagonista a un Gobierno es la inmediata constitución de un comité de crisis. Suponemos que los miembros de ese comité estaban conformados por los Ministros Sacha Llorenti (Gobierno), Carlos Romero (Presidencia), Claudia Peña (Autonomías) y otros a la cabeza del Vice Presidente. Pero se cometió el error de no designar a un portavoz claro, es decir, una persona encargada de informar públicamente de las decisiones internas del comité hacia la opinión pública y los públicos implicados. Por ese papel de portavoz pasaron: el Ministro Sacha Llorenti, Carlos Romero, Claudia Peña, el Vicepresidente y en algunas ocasiones incluso el propio Presidente del Estado.

Asimismo debemos afirmar que hubo contradicciones de los propios Ministros (mientras unos decían que podía estudiarse el caso de ver otra alternativa de construcción de la carretera para que no pase por el centro del TIPNIS, otros afirmaban que no había ninguna). Las contradicciones se tradujeron también en renuncias: *La Ministra de Defensa y la Directora de Migración renunciaron, según sus declaraciones, porque sus valores y respeto a los derechos humanos no les permitían mantenerse en el cargo.*[41] Renuncias que

---

40 Ibídem, p. 26

41 UNIR. Op cit. p.8

proyectaron una imagen negativa sobre la unidad y el acuerdo interno de las acciones del ejecutivo.

En cuanto la actuación de algunos personeros de la *unidad de gestión de conflictos y alerta temprana* del Ministerio de Gobierno, el informe del Defensor del Pueblo dice lo siguiente:

> ... el equipo de la Unidad de Gestión de Conflictos y Alerta Temprana del Ministerio, compuesta por Jorge Arzabe, Adalit Rivero, Ernesto Castro y Karolina Vertiz, adscribiéndose a la ilegalidad de los actos habrían proseguido la coordinaron, supervisión y ejecución de la privación arbitraria de libertad y traslado de los marchistas hasta concluir el plan de evacuación.[42]

En otras palabras, la unidad de gestión de conflictos y alerta temprana, según el Informe Defensorial respecto a la Violación de los Derechos Humanos en la Marcha Indígena,[43] lejos de contribuir a la solución, procedió en actos contrarios a su naturaleza.

7.3.3.2. Análisis multifactorial y ausencia de algunos ministerios en el diálogo con los marchistas del TIPNIS

Como resultado del análisis de los factores claves del conflicto, UNIR encontró que son los siguientes: Relaciones de poder, Interculturalidad, Desarrollo y Enfoques de desarrollo y Medioambiente. Según estos factores, se deduce que era importante la presencia del Ministro de Culturas y sus asesores técnicos (especialistas antropólogos) en las mesas de diálogo. También es notoria la exigua actividad en los intentos de diálogo del Ministro de Comunicaciones y sus especialistas en resolución de conflictos.

---

42 .Informe defensorial respecto a la violación de los derechos humanos en la marcha indígena Disponible en: http://www.defensoria.gob.bo/defensor/userfiles/file/Informe_Defensorial_ Intervencion_Marcha_Indigena.pdf

43 Informe Defensorial. Op cit. 106

7.3.3.3. Mensajes

A la hora de construir mensajes en situaciones de crisis, hay que tener en cuenta el tipo de información que necesitan conocer los públicos, y que nos recuerdan. En concreto, tres cuestiones:

- El análisis de los mensajes que se emiten, incluso en las nuevas tecnologías.

- La tipología de los mensajes que se emiten por los medios masivos

- Mensajes de garantía para que el problema no vuelva a suceder

7.3.3.4. Análisis de los mensajes que se emiten en los medios masivos

Los medios de información por lo general, al tratar de tener más *rating*, no profundizan las informaciones y es por esa razón que algunas noticias llegan a ser dudosas o falsas. Pero los medios también pueden actuar a la sombra de intereses políticos y económicos particulares que manipulan, inventan, ocultan y distorsionan los acontecimientos:

En relación al desempeño de algunos medios de información, el Vicepresidente Álvaro García Linera, exhibiendo publicaciones de periódicos y otros sobre la falsa muerte de un bebé en la intervención policial, denunció la existencia de un "complot mediático" en contra del Gobierno.

Respecto a estas afirmaciones rotundas es necesario reflexionar sobre el papel de los medios en situaciones como las que analizamos: por su complejidad, el trabajo informativo es difícil no solamente debido a la tensión en la que se desarrolla su cobertura, sino también por la falta de conocimiento del contexto en profundidad. Por otro lado, algunos medios buscan más posicionarse en el *rating* que facilitar el entendimiento de las causas estructurales del conflicto. Es importante que los medios eviten asentar la lógica antinómica del conflicto sin darse cuenta de que existen otros actores que pueden ser importantes conectores de paz; los **propios** medios pueden convertirse en conectores a través de un enfoque periodístico basado en la comunicación intercultural. Los medios de comunicación han jugado y juegan un papel protagónico y, así como pueden ser potenciadores de paz, pueden contribuir a la polarización de los actores y si el conflicto, como en este caso, posee una complejidad y repercusión importantes, pueden incidir también positiva o negativamente.[44]

Según (McLeod y Detenber en Igartua y Humanes, 2004:257) se ha observado que las noticias y manifestaciones sociales tienden a enfatizar:

a) la apariencia de las personas que encabezan el movimiento social en detrimento de los temas que defienden

b) las acciones de violencia frente a la crítica social que promueven

c) el enfrentamiento con la policía y

d) la ineficacia política de tales manifestaciones.

Sobre este razonamiento, podemos analizar el tratamiento de los medios que privilegiaron la apariencia de los marchista (vestimenta, banderas, pies callosos y polvorientos, etc.) antes del motivo de su protesta. Además la difusión de las acciones de violencia (acusaciones, insultos, amenazas y actitudes hostiles) de los actores de la marcha y de los del gobierno y finalmente la difusión del enfrentamiento con la policía en *Chaparina*, fue tan reiterado por los medios que se formó una dramatizada imagen de *victimización* de los marchistas (incluso se denunció la muerte de un bebe) y una *demonización* de la policía y el gobierno.

7.3.3.5. La guerra de cuarta generación

También se debe considerar que no se hizo un seguimiento o análisis sistematizado por parte del gobierno o alguna unidad, sobre las redes sociales (FB, Twiter y otros) que influyeron mucho en la opinión de sectores con acceso a internet. A esto podemos añadir la *guerra de cuarta generación* que se traduce en ofensivas que utilizan los medios clásicos y los de última generación:

---

44 UNIR. Op. Cit. p. 9.

El analista político y comunicador Hugo Moldiz señaló que los medios de comunicación desarrollaron, durante la marcha indígena, una guerra de cuarta generación, construyeron en el imaginario de la gente la idea de un "Gobierno duro y poco proclive al diálogo". Moldiz explicó en radio Patria Nueva que los medios se ocuparon de la construcción sistemática de una mala imagen gubernamental; "y las propuestas de diálogo por el Gobierno para solucionar el conflicto del Tipnis fueron invisibilizadas".[45]

Mensajes de garantía para que el problema no vuelva a suceder

Por otra parte, fue importante las disculpas del presidente que como muestra de voluntad para solucionar el conflicto, expresó sus disculpas pidiendo perdón por los sucesos del 25 de septiembre: *"Nuevamente quiero decirles a las familias víctimas [de la represión] que nos disculpen, que me perdonen. Quiero que sepan: no ha habido ninguna instrucción ni jamás habíamos pensado que podría ocurrir de esa manera, duele bastante, como víctimas que hemos sido en muchas oportunidades de la represión por la fuerza pública*[46].

La intervención violenta de la policial (golpeando, esposando cubriéndole la boca con cinta adhesiva a indígenas) generó un oleaje de rechazo en las ciudades. Los medios de comunicación, la gente en las calles y en las redes sociales no hablaban de otra cosa. Las repercusiones de esta intervención fueron tan fuertes en el Ejecutivo que provocaron la renuncia de varios ministros, entre ellos, del ministro de Gobierno Sacha Llorenti. A su vez, en la multitudinaria marcha del 12 de octubre Evo Morales tuvo que convocar a todos los movimientos sociales *"a la cabeza de la COB, de campesinos e indígenas"* a redactar una nueva Agenda.

Este saldo negativo podría haber sido mínimo, si el conflicto TIPNIS se hubiera manejado con más sistematicidad.

---

45 La manipulación informativa en el lío del Tipnis se exaltó en Twitter y Facebook (reportaje periódico Cambio), disponible en: http://www.cambio.bo/noticia.php?fecha=2011-10-02&idn=55606

46 UNIR. Op. Cit. p. 21

Según nuestro análisis, la estrategia comunicacional del gobierno no tuvo los efectos deseados y no ayudó mucho en el desenlace del conflicto. También se nota que no hay protocolos establecidos para la gestión de conflictos: prevención, tratamiento y solución; este análisis no tomó en cuenta varios factores y por lo mismo no tiene la profundidad necesaria para plantear conclusiones definitivas sobre el tratamiento de la comunicación de parte del gobierno y el Ministerio de Comunicación, sin embargo es un atisbo para generar en la academia y en las esferas del gobierno, la discusión y el análisis sobre las estrategias de comunicación, la necesidad de gente especializada para manejar crisis y conflictos y la importancia de la comunicación e información en la administración pública.

CONCLUSIONES

La tragedia de las organizaciones y de gobiernos, es haber ignorado o minimizado la importancia de la comunicación. Con esta reflexión podemos sintetizar los temas y análisis que realizamos en esta obra. Los gobiernos deben tener en cuenta que las políticas sociales necesitan del concurso de la comunicación e información para que ellas sean efectivas. Por otra parte la comunicación influye en las políticas implementadas, muchas veces de forma decisiva. Si esas disposiciones sociales tienen que ver con la interculturalidad con mayor razón. La interculturalidad no podría darse si no es con el mecanismo de la comunicación que es un dispositivo tan complejo como la sociedad misma. Si la comunicación intercultural en los niveles interpersonales y de grupo es complicada, ya podemos imaginarnos la terrible complejidad en términos de comunicación intercultural entre naciones. Este nivel macro, que tiene que ver con visiones del mundo, debe ser regulado por el estado. Si se esta de acuerdo con esto, lo primero que debe contar el Estado es con una Constitución Política que declare y garantice su pluriculturalidad. En segundo lugar el Estado debe configurar una política de comunicación intercultural. Para tal efecto debe tomar en cuenta –si están dadas las condiciones- las autonomías y la descentralización de las unidades territoriales donde están ubicadas las naciones para que estas resuelvan temas concretos de comunicación, pues, la mejor expresión democrática de la comunicación entre naciones es la participación democrática en una democracia descentralizada.

Además debemos concebir a la comunicación es un factor cooperante del desarrollo y consecuentemente las políticas de comunicación deben ir en esa dirección. El emparejamiento de la comunicación y el desarrollo se da en las relaciones intersubjetivas diversas y complejas. Por lo tanto la comunicación intercultural debe ser transversal en todo el aparato gubernamental, incluyendo los ministerios. El análisis que hicimos sobre el conflicto del TIPNIS, desnuda el manejo inapropiado de las estrategias y protocolos

155

de comunicación con los indígenas y la poca sistematicidad del tratamiento de los conflictos y crisis en temas que tienen que ver con recursos naturales, tierra, territorio y autonomías indígenas.

Finalmente creemos que los términos deben honrar a las intenciones y es que las palabras también reflejan intenciones y realidades. La denominación de las políticas de comunicación en Bolivia debería replicar su naturaleza pluricultural, por lo tanto debemos dilucidar como podrían denominarse esas políticas de comunicación en un estado plurinacional.

BIBLIOGRAFÍA

AGUILAR TREJO Marta, (2008)
"Identidad e intolerancia: una forma de análisis para la comunicación interpersonal", en Carlos Fernández Collado y Laura Galguera García, *La Comunicación Humana en el Mundo Contemporáneo*, México D. F., McGraw-Hill interamericana.

ALBO Xavier y Franz Barrios, (2007)
Por una Bolivia plurinacional e intercultural con autonomías, La Paz, Informe sobre el Desarrollo Humano del Programa de las Naciones Unidas para el Desarrollo (PNUD) en Bolivia.

ARGUEDAS Alcides, (1980)
Raza de bronce, La Paz, Los Amigos del Libro.

BELTRAN Luis Ramiro y Elizabeth Fox, (2007)
"Comunicación dominada" en José Carlos Lozano, *Teoría e investigación de la comunicación de masas*, México, PEARSON Prentice Hall.

CHAVEZ Patricia, (2010)
"Cómo pensar la descolonización en un marco de interculturalidad", en Vicepresidencia del Estado Plurinacional de Bolivia, Descolonización en Bolivia, Cuatro ejes para *comprender el cambio*, La Paz, SIRCA.

CEPAL (2009)

"Comisión Económica para América Latina y el Caribe ()." Microsoft® Encarta® [DVD]. Microsoft Corporation, 2008.

COMUNICACIONES VÍA SATÉLITE, (2009)

Microsoft® Encarta® 2009 [DVD]. Microsoft Corporation, 2008.

EMBAJADA DE LOS ESTADOS UNIDOS DE AMÉRICA, (1962)
Documentos fundamentales de la historia de los Estados Unidos de América, México D.F., Gráfica horizontes.

ESTEREOTIPO, (2009)
Microsoft® Encarta® 2009 [DVD]. Microsoft Corporation, 2008.

ESTERMANN Josef, (2010)
Interculturalidad. Vivir la diversidad, La Paz, ISEAT.

EXENI José Luis, (1998)
Políticas de comunicación, Andares y señales para no renunciar a la utopía, La Paz, Plural editores.

FERNANDEZ COLLADO Carlos y Laura Galguerra García, (2008)
"Comunicación intercultural" en *La Comunicación Humana en el Mundo Contemporáneo,* México D. F., McGraw-Hill interamericana.

FONDO DE LAS NACIONES UNIDAS PARA LA INFANCIA (UNICEF), (1996)
Cultura 1, Materiales de apoyo a la formación docente de educación intercultural bilingüe, La Paz, UNICEF.

GOEBBELS Joseph Paul. (2009)
Microsoft® Encarta® 2009 [DVD]. Microsoft Corporation, 2008.

HABERMAS Jürgen, (1999)
La inclusión del otro, Estudios de teoría política, Barcelona, Paidós básica.

IGARTUA Juan José y María Luisa Humanes, (2004)
Teoría e investigación en comunicación social, Madrid, Edit. Síntesis.

KOTTAK Conrad Phillip, (2002)
Antropología Cultural, Madrid, McGraw-Hill ediciones.

MARQUES DE MELO José, (2007)
"UNESCO, NOMIC y América Latina", en José Carlos Lozano, *Teoría e investigación de la comunicación de masas,* México, PEARSON Prentice Hall.

MCBRIDE Sean y otros, (1980)
"Un solo mundo voces múltiples", Comunicación e información en nuestro tiempo, México, Fondo de Cultura Económica.

MCLEOD y Detenber, (2004)
"Framing effects of television news coverage of social protest", en Juan José Igartua y María Luisa Humanes, *Teoría e investigación en comunicación social*, Madrid, Edit. Síntesis.

MONTAÑO Germán, (1996)
"Mesticidad e Indianidad", en *Mestizaje, ilusiones y realidades,* La Paz, MUSEF.

PAULOVICH (Alfonso Prudencio Claure), (1978)
Diccionario del cholo ilustrado, La Paz, Ojo Publicaciones.

PAZ GONZALES Eduardo, (2012)
"El diablo de las clasificaciones identitarias: el censo y el mestizaje", La Paz, *Página Siete, Suplemento ideas,* enero 8.

PLATA Wilfredo, (2008)
"El discurso autonomista de las élites de Santa Cruz", en Ximena Soruco (Coord.), *Los barones del Oriente, El poder en Santa Cruz ayer y hoy.* Santa Cruz de la Sierra, Fundación TIERRA/Regional Oriente.

REPRESENTACIÓN PRESIDENCIAL PARA LA ASAMBLEA CONSTITUYENTE (REPAC), (S.F.)
Nueva Constitución Política del Estado, Versión Oficial, Aprobada en Grande, en Detalle y en Revisión.

RIVADENEIRA PRADA Raúl, (1995)
Comunicación un enfoque sistémico, La Paz, SIGMA.

RODRIGUEZ Alfredo, (2011)
Evadas. Cien frases de Juan Evo Morales Ayma para la historia, Santa Cruz de la Sierra.

SANJINES Javier, (2007)
"El mestizaje en tiempos de indigenismo", *Boletín del PIEB* N° 8, La Paz, Programa de Investigación Estratégica en Bolivia.

TAPIA MEALLA, Luis, (2010)
"Consideraciones sobre el Estado Plurinacional", en Vicepresidencia del Estado Plurinacional de Bolivia, *Descolonización en Bolivia, Cuatro ejes para comprender el cambio,* La Paz, SIRCA.

ZIERER Ernesto, (2004)
Comunicación Intercultural, San José, Comisión Nacional de Rescate de Valores.

En Internet:

Análisis de la conflictividad del TIPNIS y potenciales de paz. UNIR Bolivia

Disponible en:

http://www.unirbolivia.org/nueva3/images/stories/cabecera/21oct2011_Anlisis_conflictividad_TIPNIS__y_potenciales_de_paz_links.pdf

Aproximaciones a los derechos humanos de cuarta generación

Disponible en:

www.tendencias21.net/derecho/attachment/113651/Similares.

"Candidata al tribunal agroambiental".

Disponible en:

http://www.oxigenobolivia.com/elecciones/tribunal_agroambiental

Ciudadanía étnico- cultural en Bolivia. Albó.

Disponible en:

http://www.iisec.ucb.edu.bo/projects/Pieb/archivos/Albo-ciudadania_etnico_cultural.pdf

Conflictividad Bolivia - Diciembre 2011

Disponible en:

www.unirbolivia.org/

Comunicación de crisis en secuestros: el caso del pesquero Alakrana
José carlos Losada Díaz

Disponible en:

www.reddircom.org/textos/alakrana.pdf

Decreto Supremo n° 0793del 15 de febrero del 2011, se crea el Ministerio de Comunicación

Disponible en:

www.comunidad.org.bo/documento.php?cod...DO20110228155515

Derechos Comunicacionales en la Nueva Constitución Política del Estado Plurinacional de Bolivia

Disponible en:

www.latice.org/fat/es/vrff0912es.html

"El racismo peruano"

Disponible en:

www.cholonautas.edu.pe / Biblioteca Virtual de Ciencias Sociales

Elizabeth Eckford

Disponible en:

http://es.wikipedia.org/wiki/Elizabeth_Eckford

Evo define en China compra del satélite Túpac Katari

Disponible en:

www.paginasiete.bo/2011-08-11/Nacional/.../38Ad01110811.aspx

"Evo Morales rebaja tarifas en telefónica nacionalizada".

Disponible en:

comunidad.wilkinsonpc.com.co/.../evo-morales-rebaja-tarifas-en-tele

Evo promulga la nueva Constitución que encamina a Bolivia a un Estado plurinacional y autonómico.

Disponible en:

http://educamposv.lacoctelera.net/post/2009/02/07/evo-promulga-nueva-constitucion-encamina-bolivia-un

Informe defensorial respecto a la violación de los derechos humanos en la marcha indígena

Disponible en:

http://www.defensoria.gob.bo/defensor/userfiles/file/Informe_Defensorial_Intervencion_Marcha_Indigena.pdf

164

Instituto Nacional de Estadística de Bolivia 2001

Disponible en:

www.ine.gob.bo/

Investigación sobre comunicación intercultural

Disponible en:

www.monografias.com

"La capitalización del ENTEL: historia de una estafa".

Disponible en:

 www.bolpress.com/art.php?Cod=2008050211

La manipulación informativa en el lío del Tipnis se exaltó en Twitter y Facebook

Disponible en:

http://www.cambio.bo/noticia.php?fecha=2011-10-02&idn=55606

"La mitad de los postulantes al Tribunal Constitucional no hablan idioma nativo".

Disponible en:

http://eju.tv/2011/07/la-mitad-de-los-postulantes-al-tribunal-constitucional-no-hablan-idioma-nativo/

La prensa y la Ley contra el Racismo y toda forma de discriminación. Rafael Archondo, agosto 2011

Disponible en:

cedoin-gtz.padep.org.bo/upload/prensa-ley-racismo.pdf

"La sorprendente Ley de Telecomunicaciones de Bolivia".

Disponible en:

www.radialistas.net

Ley Anticorrupción No 004 del 31 de marzo del 2010

Disponible en:

www.bcb.gob.bo/webdocs/normativa/leyes/Ley004.pdf

Ley contra el Racismo y toda forma de Discriminación

Disponible en:

www.oopp.gob.bo/vmtel/normativa/Decretos/DS_29544.pdf

Ley de la Educación "Avelino Siñani - Elizardo **Pérez**

Disponible en:

http://www.gobernabilidad.org.bo/noticias/2-noticias/709-ley-de-educacion-avelino-sinani-elizardo-perez

Ley general de derechos lingüísticos de los pueblos indígenas.

Disponible en:

leyco.org › México › Leyes Federales

"Los derechos indígenas en la nueva constitución".

Disponible en:

http://www.prodena.org/portal/index.php?option=com_content&task=view&id=60&Itemid=2

Nueva cartera de Comunicación busca centralizar información

Disponible en:

www.redunitas.org/boletin/02febrero11/16nuevacartera.php

"Plan Nacional de Desarrollo: Bolivia Digna, Soberana, Productiva y Democrática para Vivir Bien - Lineamientos Estratégicos"

166

Disponible en:

Sistema Legislativo Informático Boliviano www.bolivialegal.com

Portal del ministerio de Comunicación del estado Plurinacional de Bolivia

Disponible en:

www.comunicación.gob.bo

¿Qué es el espectro radioeléctrico?

Disponible en:

www.inti.gov.ar/sabercomo/inti-03-04/inti12.php

Reglamento de la ley contra la discriminación

Disponible en:

helpdesk.aduana.gob.bo:8010/publicar/.../CIR%202011-003.PDF

La presente edición se terminó
de imprimir el mes de septiembre de 2012
en Talleres Gráficos "KIPUS"
c. Hamiraya 127 • Telf./Fax.: (591-4) 4582716/4237448